# Schriften des deutschen Vereins
## für
# Armenpflege und Wohlthätigkeit.

---

**Fünfundzwanzigstes Heft.**

R. Osius und P. Chuchul, Die Heranziehung von Frauen
zur öffentlichen Armenpflege.

Leipzig,
Verlag von Duncker & Humblot.
1896.

Die

# Heranziehung von Frauen

zur

# öffentlichen Armenpflege.

Zwei Berichte

erstattet im Auftrage des Vereins

von

**R. Ostus** und **P. Chuchul.**

Leipzig,
Verlag von Duncker & Humblot.
1896.

## I.

# Die Heranziehung von Frauen zur öffentlichen Armenpflege.

Bericht von Dr. jur. Rudolf Ofius=Cassel.

Wenn in unserer Zeit die Bezeichnung „Almosenspenden" immer weniger gebraucht, dagegen die Bezeichnung „Armenpflege" uns immer vertrauter wird, so ist das nicht eine bloße Änderung der sprachlichen Gewohnheit, sondern die bewußte Wahl eines anderen Ausdruckes, weil die zu bezeichnende Sache eine andere geworden. In früheren Zeiten gab man Almosen, spendete den Armen vielleicht im Verhältnis in reicherem Maße, wie heutzutage, man pflegte aber den Armen nicht; man fand sich durch eine Gabe mit ihm, mit sich und mit dem Himmel ab und hielt sich jeder weiteren Verpflichtung für ledig. Jetzt aber, und dies auch erst seit wenigen Jahrzehnten, haben wir gelernt und sehen es als selbstverständlich an, daß die mit der Armenpflege betrauten Organe ihre Aufgaben ganz anders auffassen und erledigen, wie früher.

Wir verlangen jetzt in jedem einzelnen Falle die eingehendste Prüfung über das Vorhandensein, den Grad und die Gründe der Bedürftigkeit, die sorgfältigste Wahl der Mittel, die zur Beseitigung der Not dienen sollen, und endlich die größte Fürsorge dafür, daß der Wiederkehr eines ähnlichen Notstandes nach Kräften vorgebeugt werde. Diese Änderung der Anschauungen, die das jetzige Armenwesen weit über das der vergangenen Zeiten emporhebt, hat eingreifende Veränderungen in den Einrichtungen des öffentlichen Armenwesens zur Folge gehabt, Veränderungen, die heute noch nicht abgeschlossen sind und noch recht viel Arbeit erfordern werden.

Daß solche Änderungen und Neuerungen mit größter Vorsicht und erst nach sorgfältigster Prüfung und Überlegung eingeführt werden, liegt in der Natur der Sache; will man doch, ganz abgesehen davon, daß alle Reformen aktivem und passivem Widerstande begegnen, die neuen Einrichtungen möglichst fehlerfrei, gut, praktisch und dauernd gestalten. Diese Vorsicht ist auch gegenüber der jetzt wieder auf die Tagesordnung gestellten Frage, der Heranziehung von Frauen zur öffentlichen Armenpflege, reichlich geübt worden, denn sie hat, obwohl sie schon im Jahre 1880 von dem Deutschen Vereine für Armenpflege und Wohlthätigkeit, von den Organen der deutschen Frauenvereine vom Rothen Kreuz und von anderen Stellen in der verschiedensten Weise bearbeitet und beraten worden, doch wenig Fortschritte gemacht und immer noch keinen Abschluß gefunden. Diese Frage bedarf aber der Lösung, und dieselbe noch länger zu vertagen scheint um so weniger rätlich, als sie jetzt nicht viel weniger spruchreif ist, wie sie es in zehn oder zwanzig Jahren sein wird.

Für die Entscheidung sind die praktischen Bedürfnisse allein maßgebend. Es ist also zu untersuchen, ob ein Bedürfnis für die Beschäftigung von Frauen in der öffentlichen Armenpflege vorliegt oder nicht und, wenn die Bedürfnisfrage bejaht wird, in welchem Umfange und in welcher Weise die Heranziehung der Frauen bewirkt werden könne.

Als die sogenannte individualisierte Armenpflege zuerst eingeführt wurde, ergab sich sofort, daß die bisher auf diesem Gebiete beschäftigten Personen auch nicht entfernt ausreichen würden, den neuen Anforderungen gerecht zu werden, daß eine große Anzahl von Helfern notwendig und es ebenso zweckmäßig wie erforderlich sei, diese aus dem Laienelemente zu entnehmen. Zunächst beschäftigte man mit den neuen Aufgaben eine Reihe von Männern, die, im Vollbesitze des Vertrauens und des Ansehens ihrer Mitbürger, die frisch geschaffenen Ämter in der Armenpflege als Ehrenämter übernahmen und verwalteten. Die Frage, ob nicht auch Frauen hier ebenso nutzbringend wie die Männer verwendet werden könnten, wurde damals gar nicht aufgeworfen. Und das ist leicht erklärlich, denn in der Zeit, als sich auf diesem Gebiete die neuen Anschauungen Bahn brachen, wurde überhaupt erst der Anfang einer Beteiligung des weiblichen Geschlechtes an der öffentlichen Thätigkeit gemacht, der nicht ohne die lebhafteste Bekämpfung in Männer- wie in Frauenkreisen blieb. Jetzt liegt aber die Sache ganz anders. Die Frauen haben eine andere Stellung im öffentlichen Leben, als sie in der ersten Hälfte des Jahrhunderts innehatten, sich errungen; sie haben sich eine Reihe von Berufszweigen eröffnet, die bisher ausschließliches Recht der Männerwelt waren; sie haben sich in lebhafter Weise an allen Bestrebungen auf dem Gebiete der Gemeinnützigkeit und Wohlthätigkeit beteiligt und haben sich in ihrer Thätigkeit auch bewährt.

Es ist das hohe Verdienst der Frauenvereine vom Roten Kreuz — ich will der Kürze halber mit diesem Namen alle Frauenvereine, die unter dem Roten Kreuz in Deutschland arbeiten, umfassen, also nicht nur den preußischen Vaterländischen Frauenverein, sondern auch den badischen Frauenverein, den mecklenburgischen Marienfrauenverein, den hessischen Aliceverein, den sächsischen Albertverein, den bayerischen, württembergischen Frauenverein u. s. w., wie sie sich in allen Ländern Deutschlands gebildet haben, bezeichnen —, daß sie die Frauen zu den gemeinnützigen Arbeiten der Neuzeit herangezogen und sie in der ebenso umfassenden wie intensiven Thätigkeit, die sie auf allen Gebieten der Humanität entfalten, zu zweckmäßiger, opferwilliger Arbeit herangebildet haben. Die ernste Schulung, die den Frauen hierin zu teil geworden, hat eine Menge bisher brach liegender Kräfte zu erwünschten Mithelfern in der öffentlichen gemeinnützigen Thätigkeit gemacht, die, dem Übertriebenen, dem Scheinwesen, welches Anfangs gefürchtet wurde, sich vielleicht auch hier und da geltend gemacht hat, völlig fern bleibend, bewiesen haben, daß die Frau als solche wohl Verwendung in öffentlichen Stellungen finden kann, die ihren Fähigkeiten entsprechen.

Deshalb brauchen wir nicht mehr zu fragen, ob man Frauen überhaupt in der öffentlichen Armenpflege beschäftigen könne, sondern nur: ist ihre Mitwirkung in derselben notwendig oder auch nur nutzbringend? Wird diese Frage bejaht, dann wissen wir aus der Erfahrung der letzten beiden Jahrzehnte, daß zu deren Erledigung uns überall die erforderliche Zahl von Helferinnen zur Verfügung stehen wird, um sich in treuer, selbstloser und tüchtiger Arbeit zu bewähren.

Wir wollen nun prüfen, was in der Armenpflege nach der Natur der Sache von Männern und was von den Frauen bearbeitet werden kann und muß.

Die Thätigkeit, die in der öffentlichen Armenpflege zu entwickeln ist, besteht im wesentlichen:

1. in der Leitung und der Verwaltung des gesamten Armenwesens;
2. in der eigentlichen Pflege der Armen, und zwar:
    a) in der Feststellung, Prüfung und Begutachtung der Verhältnisse des Bedürftigen,
    b) in der Auswahl und Hingabe der zur Beseitigung der Not dienenden Mittel, in der persönlichen Hülfeleistung an den Bedürftigen und seine Familie,
    c) in der Sorge, dem Wiedereintreten der Not vorzubeugen, sei es durch moralische Einwirkung, durch Beschaffung von Einkommen, sei es durch Erwirkung von Arbeit oder von Geldbezügen, sei es durch Ausbildung zur Arbeit oder Ermöglichung der Verwertung derselben, u. dergl. mehr.

Die Leitung und Verwaltung des Armenwesens befand sich von alters her ganz in den Händen der Männer, ebenso die Gründung und Einrichtung der Anstalten der Armenpflege, die Verwaltung der Stiftungen u. s. w. Gegen die Beibehaltung dieses Verhältnisses sind keine Einwendungen erhoben und entspricht diese auch vollständig den vorliegenden Bedingungen. Für diese Ämter und Verrichtungen sind die Männer geeignet; sie sind dazu besonders vorgebildet und können hierbei ihre in ihrer sonstigen Berufsthätigkeit und ihrem geschäftlichen Leben erworbenen Erfahrungen nutzenbringend verwerten. Ein Bedürfnis, in diesen Stellen die Männer durch die Frauen zu ersetzen oder neben den Männern auch Frauen zu beschäftigen, ist nirgends hervorgetreten; besondere Schäden, die durch eine solche Mitwirkung beseitigt werden könnten, sind nicht bemerkbar geworden, und so kann es in dieser Beziehung beim Alten bleiben. Die Frage, ob man nicht im Bureaudienst Frauen beschäftigen könne, gehört nicht hierher.

Anders ist es mit der ausführenden Armenpflege. Wie bis in die Neuzeit die Männer mit Leitung und Verwaltung des Armenwesens beschäftigt waren, so waren es fast ausschließlich die Frauen mit der eigentlichen Pflege der Armen. Auch der wohlthätigste und opferbereiteste Mann besuchte früher wohl kaum Arme und Kranke persönlich, wenn es nicht etwa sein Beruf, ein Gelübde oder ein religiöses Bedürfnis von ihm verlangte. Frauen und Vereinigungen von Frauen, die sich in stillem Wirken und anspruchsloser Thätigkeit der Armenpflege hingaben, gab es aber zu allen Zeiten und an allen Orten, und diese setzten, als wenn es ganz selbstverständlich wäre, ihre eigene Persönlichkeit ein und linderten Not und Elend durch ihre persönliche Hülfe und die Gaben, die sie entweder selbst lieferten oder in befreundeten Kreisen sammelten.

Hier hat man, als die individualisierte Armenpflege eingeführt wurde, den bestehenden Zustand aber nicht beibehalten, und statt an ihn anzuknüpfen und die ausführende Armenpflege, wenn nicht ganz, so doch wenigstens zum Teile, den bisher damit beschäftigt gewesenen Frauen zu überlassen, statt sie in den neuen Organismus irgendwie einzufügen, hat man sie gar nicht berücksichtigt und mit den in Betracht kommenden Arbeiten die Männer allein betraut. Damit ließ man die in langer Thätigkeit gesammelten Erfahrungen der Frauen für die öffentliche Armenpflege unbenutzt und versäumte es, eine Verbindung herzustellen, die nicht nur für die öffentliche Armenpflege von wesentlichem Nutzen gewesen wäre, sondern auch der Privatwohlthätigkeit höhere Gesichtspunkte gegeben und manches Unrichtige und Schädliche derselben beseitigt haben würde.

Verfolgen wir nun von Anfang an die Thätigkeit einer die Armenpflege ausübenden Person, um zu entscheiden, was dabei Sache des Mannes und was Sache der Frau sei.

Der erste Schritt ist, festzustellen, ob überhaupt ein Eingreifen erforderlich, ob eine wirkliche Bedürftigkeit vorliegt, ob der Bittsteller sich nicht noch selbst helfen kann, ob er nicht noch arbeits- und erwerbsfähig ist und bei richtigem Bemühen auch noch Arbeit finden kann, ob er nicht berechtigt ist, seinen Unterhalt oder wenigstens Unterstützung von Verwandten und dergleichen zu fordern, ob er keine Rechte an staatliche oder private Veranstaltungen, an Krankenkassen, Rentenkassen geltend zu machen hat. Hierbei ist dann auch in gewissem Maße die Würdigkeit des zu Unterstützenden zu prüfen. Weiter ist dann zu erforschen, welches die Ursachen des zu beseitigenden Notstandes sind, ob eigenes Verschulden des Bedürftigen oder seiner Familienglieder, oder welche sonstige Umstände dabei mitgewirkt haben. Das alles muß man wissen, wenn man richtig und gründlich helfen will. Man kann die Not nur beseitigen und ihre Wiederkehr hindern, wenn man genau ihren Umfang und ihre Ursachen kennt.

Der Prüfende muß zu diesem Zwecke notwendig den Bedürftigen in seiner Wohnung aufsuchen, ihn und seine Angehörigen sehen und hören, erforderlichen Falles auch noch andere vertrauenswerte, glaubwürdige Persönlichkeiten, die den Verhältnissen näher stehen, befragen, kurz die sorgfältigsten Ermittelungen anstellen. Selbst vorher durch das Bureau der Armendirektion vorgenommene Untersuchungen entbinden den Armenpfleger nicht von der Pflicht, ebenfalls zu prüfen und sich die nötige Klarheit über den Fall zu verschaffen.

Diese Thätigkeit ist von der größten Wichtigkeit, weil auf ihr vorzugsweise die ganze Armenpflege ruht. Von ihrer gründlichen und zweckmäßigen Erledigung hängt es ab, ob die wirklich Bedürftigen die nötigen Unterstützungen erhalten und ob eine unnötige und schädliche Ausdehnung der Armenpflege vermieden wird.

Es handelt sich hierbei im wesentlichen darum, mit richtigem Blick rasch die thatsächlichen Verhältnisse zu erfassen, das Wahre von dem Unwahren zu scheiden und, um vulgär zu sprechen, sich nichts vormachen zu lassen. Es muß also die Fähigkeit vorhanden sein, sowohl die einzelnen Persönlichkeiten beurteilen als auch die Lebensverhältnisse der verschiedenen Stände berücksichtigen zu können. Das ist nicht ganz leicht, denn neben den Bittstellern, die offen und wahr ihre Lage und die Ursachen ihrer Not darlegen, deren kleinen Verhältnisse durchsichtig und einfach auf den ersten Blick zu übersehen sind, stehen recht viele andere, die täuschen wollen und zum Teile in der Durchführung dieser Absicht äußerst geschickt und gewandt sind. Darunter ist ein kleiner Bruchteil, der sich scheut, die öffentliche Unterstützung oder überhaupt eine Unterstützung anzunehmen, und aus anerkennenswertem Ehrgefühl seine Lage besser und hoffnungsreicher darstellt, wie sie wirklich ist, der aus an sich zu billigenden Gründen die Ursache der Notlage falsch darstellt. Das geschieht namentlich von Frauen, oft in geradezu rührender Weise. Sie wollen nicht zugestehen, daß sie durch die Trunksucht oder die Liederlichkeit des Mannes in das Elend gebracht sind, und nehmen diesen in Schutz und entschuldigen ihn.

Der weitaus größere Teil stellt aber seine Hülfsbedürftigkeit schlimmer dar, wie sie ist, um möglichst hohe Unterstützungen zu erlangen, verheimlicht Einnahmequellen, die er noch besitzt, macht über die Ursachen der Armut ganz oder teilweise unwahre Schilderungen und verfährt dabei so raffiniert, daß es sehr schwer ist, aus dem geschickten Gemisch von Wahrem und Unwahrem das Richtige herauszuschälen. Namentlich trifft dies auch bei Angaben über Erwerbs- und Leistungsfähigkeit zu.

Wer soll nun diesen schwierigen und bedeutungsvollen Teil der Arbeit besorgen? der Mann oder die Frau? Hier können wir zunächst diejenigen Fälle ausscheiden, in denen man einer Frau nicht zumuten darf, in persönliche Berührung mit den Bittstellern zu kommen. Diese gehören dem Manne. Ebenso wird die Prüfung der Frage, ob der Bedürftige berechtigt ist, Hülfe und Unterstützung von anderen Seiten zu fordern, dem Manne zugewiesen werden können, der durch Ausbildung und Lebensstellung geeigneter zur Erledigung der damit in Verbindung stehenden Arbeiten erscheint, als die Frau. Aber auch bezüglich des verbleibenden Teiles dieser vorbereitenden Thätigkeit in der Armenpflege haben die Männer vor den Frauen einen wesentlichen Vorzug dadurch, daß sie durch Beruf und Lebensführung öfters in Berührung mit den unteren Klassen der Bevölkerung kommen und mit diesen vertrauter sind, daß sie durch ihre geschäftlichen Beziehungen schon darin geübt sind, vorsichtig gegen Vorspiegelungen, wenig zugänglich gegenüber Überredungsversuchen zu sein, daß sie infolge mancher Erfahrung zurückhaltender in ihrem Urteil sind, namentlich dasselbe nicht so leicht durch Regungen des Mitleids beeinflussen lassen. Dieser Vorzug des Mannes ist eben ein Produkt seiner gesamten Ausbildung und Lebensstellung. Endlich hat er noch den weiteren Vorteil, daß ihm gegenüber gar manche Heuchelei und manches Kunststück gar nicht probiert wird, welches bei Frauen ganz unbedenklich Anwendung findet.

Wir können also bei der ganzen Beanlagung des Mannes, bei seiner durchschnittlich größeren Sachkenntnis und Lebenserfahrung ihn im allgemeinen für geeigneter den erforderlichen Recherchen erklären, wie die Frau. Und die gleiche Erwägung hat in einer Reihe von Städten, in denen die Verbindung der Frauen mit der öffentlichen Armenpflege längst hergestellt ist, dazu geführt, dieses Stadium der Arbeit den Frauen ganz zu entziehen und allein den Männern vorzubehalten. Aber ich halte diese Frage gar nicht für so einfach.

Wenn hier als besondere Eigenschaften dem Manne seine größere Objektivität, höhere Autorität und Festigkeit zugeschrieben sind, so ist das gewiß richtig. Aber ebensowenig wie man diese Eigenschaften ausnahmslos dem männlichen Geschlechte vindicieren kann, ebensowenig kann man sie ausnahmslos dem weiblichen absprechen. Mit solchen Verallgemeinerungen von persönlichen Eigenschaften ist es immer eine mißliche Sache. Es giebt genug Frauen, die sich bereden lassen, aber auch nicht wenig Männer, denen dies passieren kann; es giebt ebensoviel Männer wie Frauen, die eine gute Beute für einen guten Lügner sind; es giebt viele Männer, die energisch durchgreifen, wo es nötig ist, aber auch genug Frauen, die das können und auch thun.

Ferner ist hier in Betracht zu ziehen, daß diejenigen Frauen, die sich mit Ernst und Hingabe dem schweren und mühevollen Berufe der Armenpflege widmen, doch gewiß nicht gerade zu den unbedeutendsten, schwankendsten und energielosesten ihres Geschlechtes gehören. Weiter ist zu erwägen, daß Charaktereigenschaften auch erworben und ausgebildet werden können. Die betreffenden Eigenschaften des Mannes beruhen vorzugsweise darauf, daß sie von seiner frühesten Jugend an sorgfältig in ihm herangebildet worden sind. Diesen Vorzug hat er unzweifelhaft, aber die Frauen haben die Fähigkeit, rasch zu lernen und zu begreifen, und damit können sie viel ausgleichen. Gerade die Thätigkeit in der Armenpflege wird bei einer lernbegierigen Frau rasch auch diese Eigenschaften entwickeln und ausbilden.

Das Gleiche ist der Fall mit der beim Manne entschieden in höherem Maße vorhandenen Kenntnis der Lebensverhältnisse der anderen Bevölkerungsklassen und der größeren Vertrautheit mit diesen. Auch diese Eigenschaften können in der Praxis der Armenpflege erworben werden, und wenn die Frau auch erst eine Art Lehrzeit dabei durchzumachen hat, so schadet das gar nichts, denn auch dem gewandtesten, erfahrensten Manne wird es, wenn er sich neu mit der Armenpflege beschäftigt, nicht erspart bleiben, Erfahrungen zu machen.

Ich kann mich also nicht dafür aussprechen, von vornherein die Frauen von den Recherchen auszuschließen, zumal es auch schon vor der Neuorganisation des Armenwesens genug Frauenvereine und Frauen gegeben hat, die nur nach genauer Recherche unterstützten und dabei ihre Sache recht gut gemacht hatten. Die Frauen hierbei ganz zu übergehen, hieße der Sache Zwang anthun, denn sie müssen naturgemäß hier ihre Stelle ebenfalls finden, und zwar da, wo die größere Beurteilungsfähigkeit auf ihrer Seite ist. Das ist nun der Fall, wo es sich um Gutachten über die Verhältnisse von Frauen, heranwachsenden Mädchen und Kindern sowie über die Lage eines Haushaltes handelt. Diese können die Frauen viel klarer und richtiger abgeben, wie der Mann, denn hier ist die größere Erfahrung und Sachkenntnis auf ihrer Seite. Es wird in vielen Fällen für eine Frau ein Blick in die Häuslichkeit genügen, um zu wissen, woran sie ist, wer Schuld an der Zerrüttung des Haushaltes trägt, wo die Fehler liegen, und wie sie zu verbessern sind.

Nun sind aber von den Unterstützungsbedürftigen die Frauen und die Kinder, wenn nicht der bedeutendste, so doch ein sehr wesentlicher Teil, und von den Recherchen über sie die Frauen grundsätzlich auszuschließen, hieße bezüglich dieses Teiles der öffentlichen Armenpflege die eigentlichen Sachverständigen ausschließen und sie durch die minder Sachverständigen, die Männer, ersetzen. Ihre Zulassung aber zu diesen Arbeiten stellt eine so glückliche Ergänzung der männlichen Thätigkeit dar, daß sie eine nicht unbedeutende Verbesserung des Recherchierens bedeutet.

Auf diese eben geschilderte vorbereitende Untersuchung folgt nun, vorausgesetzt, daß sich die Unterstützung des Bittstellers als notwendig erwiesen hat, die Armenpflege im engeren Sinne, die eigentliche Pflegethätigkeit. Die besondere Aufgabe des Armenpflegers oder der Armenpflegerin ist hier die Auswahl und die Beschaffung der richtigen Mittel, um die Not zu lindern, die persönliche Fürsorge für die Bedürftigen und neben der physischen Förderung auch die moralische Hebung des Pfleglings. Dies ist der schwierigste und der wichtigste Teil des Amtes und beansprucht die meiste Mühe und Hingebung. Da die öffentliche Armenpflege im allgemeinen nur das unabweisbar Notwendige gewähren kann und überall in höchstem Grade in Anspruch genommen wird, so sind die Pfleger angewiesen, einmal mit der größten Beschränkung und Sparsamkeit zu verfahren, dann aber auch möglichst praktisch zu handeln, um mit den aufgewendeten Mitteln möglichst viel zu erreichen. Um nun auch bezüglich dieser Thätigkeit das scheiden zu können, was sich besser für den Mann, und das, was sich besser für die Frau eignet, wollen wir die Arbeiten, die zur Pflege einer armen Familie notwendig sind, von Anfang an verfolgen.

Die erste Aufgabe des Pflegers ist ein Besuch bei den ihm zugewiesenen Pflegebefohlenen in ihrer Wohnung, und dort findet er sofort Veranlassung, manche Änderungen anzustreben. Die fortschreitende Verarmung bringt in der Regel eine steigende Gleichgültigkeit und Stumpfheit gegen das Häßliche, Schmutzige, Ungesunde mit sich. Der Verarmende kämpft nicht mehr an gegen das ihm unvermeidlich und unabwendbar Erscheinende, gegen den vollständigen Ruin, und dieser Mangel an Spannkraft giebt sehr rasch dem ganzen Haushalte den Charakter stets ärger werdender Verwahrlosung. Es giebt ja wohl nicht wenig arme und elende Menschen, die auch in der traurigsten Lage noch ihre Wohnung in einer gewissen Reinlichkeit und Nettigkeit erhalten, das sind aber immerhin Ausnahmen. Die Umgebung wird aber nun nicht nur durch den Menschen bestimmt, sie übt auch ihrerseits wieder einen sehr erheblichen Einfluß auf ihn aus. Es muß deshalb, wenn man den Bedürftigen heben will, zunächst versucht werden, das Häßliche und Widrige, das Ungesunde und Gemeine möglichst aus seiner Nähe zu entfernen. Luft und Licht muß in die Wohnung gebracht, soviel Reinlichkeit, wie nur möglich, muß geschaffen, alles beseitigt werden, was die Erholung und die Gesundheit beeinträchtigt. Denn erst wenn der Mensch aus dieser Verkommenheit emporgehoben wird, ist er besseren Einflüssen zugänglich.

In dieser Beziehung sind die männlichen Armenpfleger aber ziemlich machtlos. Ihre Ermahnungen: lüftet und säubert die Wohnung, haltet die Kinder sauber, kocht ordentlich! werden nicht viel Eindruck machen. Hier ist das Eingreifen der Frau nötig, die, wenn sie sagt, daß gereinigt werden muß, auch sagen kann, wie es geschehen und wo angefangen werden muß; die, um der ewig wiederkehrenden Einrede: wir haben kein Geld, um Seife zu kaufen, zu begegnen, die Seife gleich mitgebracht hat; die vielleicht, wo es besonders not thut, selbst einmal mit anfaßt, um anzuspornen; die am anderen Morgen wiederkommt, um zu sehen, ob das geschehen ist, was sie angeordnet hat; die sorgt, daß die müßig herumlungernden Kinder beschäftigt, gereinigt, verpflegt, in die Schule geschickt werden; die, was an Kleidungsstücken und Wäsche unbedingt notwendig ist, beschafft; die sorgt, daß ordentlich gekocht wird, und zu allen diesen Arbeiten die heranwachsenden Mädchen, wo solche vorhanden sind, heranzieht und ihnen zeigt, was sie im Hause ihren Eltern und Geschwistern gegenüber sein können. Das kann die Frau, die mit der ihr eigenen großen Geduld und Beharrlichkeit immer wieder und wieder auf dasselbe zurückkommt, bis sie ihren Zweck erreicht hat, die unablässig daran arbeitet, daß die verwahrloste Familie nicht wieder in ihre alten Gewohnheiten zurückfällt.

Das kann aber auch nur die Frau. Es ist charakteristisch in dieser Hinsicht, wie anders der männliche Armenpfleger in einer unsauberen Wohnung empfangen wird, als der weibliche. Sobald nur der letztere einen Blick über die Wohnräume wirft, dann entschuldigt sich meist die Hausfrau, was sie dem Manne gegenüber nicht leicht thun wird. Darin liegt nun schon der Anknüpfungspunkt. Während die Bedürftige der Einmischung der Frau, in der sie die Sachverständige sieht, keinen wesentlichen Widerstand entgegensetzt, wird sie die des Mannes beleidigt zurückweisen. Die Rüge des Mannes erregt ihren Widerspruch, die der Frau wird, wenn auch gerade nicht gern, denn solche Frauen sind sehr empfindlich und unzugänglich, doch immerhin ruhiger entgegengenommen. Es steht eben die Frau der Frau näher, faßt leichter zu ihr Vertrauen und spricht über viele Dinge mit ihr offen, über die sie niemals mit einem Armenpfleger sprechen würde. Kann sie doch von der Frau in den Dingen, die ihr not thun, beraten werden. Dabei haben die Frauen nun, ganz abgesehen von den gerade hier notwendigen, dem Manne abgehenden Kenntnissen, die Gabe, unmerklich, aber unermüdlich einzuwirken. Darin liegt ihre große Stärke. Dadurch gelingt es ihr, wie sie für das leibliche Wohl der Pfleglinge sorgt, auch für das sittliche manches zu thun, was später gute Früchte trägt, in manchen Fällen die Freundin und Beraterin der Familie zu werden, derselben Mut und Selbstvertrauen einzuflößen und das Gefühl zu befestigen, daß man nicht alles von außen erwarten darf, sondern auch selbst etwas erreichen kann.

Da, wo die geschilderten Arbeiten nicht von der Armenpflegerin selbst geleistet werden können, was namentlich bei der Reinigung der Wohnung u. s. w. der Fall ist, ist es sehr zweckmäßig und teilweise unerläßlich, derselben hierfür Frauen aus dem Volke, die gern einen kleinen Nebenverdienst sich verschaffen und nach ihrer ganzen Persönlichkeit für solche Aufgaben geeignet sind, zur Verfügung zu stellen. Dadurch wird viel genützt und keine zu große Mehrbelastung des Armenetats herbeigeführt. Diese Frauen müßten natürlich den Anordnungen der Armenpflegerin Folge zu leisten haben.

Daß in einer großen Zahl von Fällen, auch wenn, wie hier besprochen, verfahren wird, auch von den Frauen ein vollständiger Erfolg nicht erzielt werden wird, ist nicht zu bezweifeln, ebensowenig aber auch, daß sie größere Erfolge erreichen werden, wie die Männer. Und hier ist auch schon ein kleiner Fortschritt in der Lebensführung und dem Haushalte des Armen, der herbeigeführt wird, von höchstem Werte.

Was nun hier von der Thätigkeit der Frauen bei Familienpflegen gesagt ist, gilt in noch höherem Grade für das Wirken derselben bei der Unterstützung einzelner Frauen und von Kindern. Namentlich die Kinderpflege ist so recht das Feld der Bethätigung für die Frau, die gerade dafür den reichsten Schatz von Liebe und Neigung mitbringt, die ganz besonders hier Kennerin der Bedürfnisse und der Leistungsfähigkeit ist. Dabei wird sie sich am leichtesten und schnellsten Vertrauen und Liebe erwerben und einen Boden finden, auf dem sie die schönsten Früchte erzielen kann; ist er doch schon durch die jetzige Erziehung der Mädchen in der Volksschule vorbearbeitet, welche denselben oft ein besseres Verständnis für das, was nötig ist, gegeben hat, als es ihre Mütter besitzen.

Daß in diesen Zweigen der Pflegethätigkeit, die mit die umfassendsten und wichtigsten der gesamten Aufgabe sind, die Frau einen großen Vorsprung vor dem Manne hat, durch ihre natürliche Beanlagung und ihre besondere Sachkenntnis, ist so klar, daß die Beantwortung der Frage, ob die Verwendung der Frauenarbeit hier wünschenswert sei, wohl nicht schwer fallen wird. Die Frau ist hierbei geradezu unentbehrlich und muß in der öffentlichen Armenpflege verwendet werden, wenn diese nicht nur mit Wort, sondern auch mit der That den Aufgaben, die ihr gestellt sind, gerecht werden will.

Einen besonderen Teil dieses Gebietes der Armenpflege bildet weiter die Armenkrankenpflege, in den Fällen, wo der oder die Kranke in der Wohnung verpflegt werden muß. Diese machen einen bedeutenden Teil aller Pflegefälle aus. Auch hier vermögen die Armenpfleger nicht viel; sie können wohl Unterstützung bringen, für die übrige Familie sorgen, die eigentliche Pflege aber, das Umbetten, Reinigen, Verbinden u. s. w. des Kranken liegt außerhalb ihres Bereiches. Einzelne Armenpflegerinnen mögen vielleicht imstande sein, solche Arbeiten zu verrichten; das sind aber auch Ausnahmen. Es muß also hier ein weiteres weibliches Element zugezogen werden, die richtig ausgebildete und geschulte Krankenpflegerin. Dieser so wichtige Teil der Armenpflege ist bisher fast überall der Privatwohlthätigkeit überlassen worden und, wie es mir scheint, nicht mit Recht. Denn diese Pflege ge=

hört auch zu dem, was geleistet werden muß. Man darf die Kranken nicht in ihrem Elende lassen; und welche Qualen ein Leidender unter den Händen unerfahrener und unwissender Pfleger zu erdulden hat, brauche ich hier wohl nicht weiter zu schildern. Überläßt man aber die Arbeit der Privatwohl= thätigkeit, dann überläßt man es dem Zufall, wem und wie geholfen wird.

Ich halte es für unbedingt notwendig, daß die Armenverwaltungen in viel höherem Grade, wie dies bis jetzt in der Regel geschehen, zu diesen Pflegen den Armenpflegern und Armenpflegerinnen geschulte Kräfte zur Ver= fügung halten.

Es ist mehrfach die Möglichkeit bestritten worden, daß die Armenver= waltungen die dazu nötige Anzahl von Pflegerinnen anstellen könnten. Es ist aber schon manche Einrichtung durchgeführt worden, die auch anfangs für unmöglich galt. Hier handelt es sich außerdem nur um eine Kosten= frage. Die Stadtverwaltung kann nun, gerade wie sie besondere Ärzte für die Armen anstellt und besoldet, auch Pflegerinnen für sie zur Verfügung halten, die von den Armenärzten ihre Direktiven erhalten würden. Die Pflegerinnen können dadurch verschafft werden, daß man entweder Verträge mit Vereinigungen schließt, die sich mit Ausbildung von solchen befassen, und sich so die erforderliche Zahl sichert, oder dadurch, daß man selbst solche ausbildet und anstellt. Der letztere Weg wird in den Städten leicht ein= geschlagen werden können, in denen es städtische Krankenhäuser giebt. In solchen kann die Ausbildung erfolgen, und wird dadurch nicht nur die nötige Anzahl von Krankenpflegerinnen für die Armen beschafft, sondern auch zugleich dem Krankenhause durch die größere Zahl von Pflegekräften genützt. Immerhin ist diese Aufgabe nur dann zu lösen, wenn die leiten= den Ärzte des Krankenhauses sich ganz besonders dafür interessieren und die Pflegeschülerinnen unter ganz genauer Aufsicht halten, denn unter denen, die sich für diesen Beruf anbieten, sind gewöhnlich sehr viel ungeeignete Elemente. Wird es aber vorgezogen mit einem Verein Verträge abzuschließen, dann würden, da die öffentliche Armenpflege an sich nicht konfessionell ist, in der Regel die interkonfessionellen in erster Linie in Betracht kommen. Deren giebt es in Deutschland schon recht viele, und wird es bald noch viel mehr geben, wenn sie durch ein derartiges Vorgehen der Armenverwaltungen die Sicherheit haben, eine größere Zahl von Pflegerinnen jeder Zeit in sichere Stellung unterbringen zu können.

Aber es giebt noch einen anderen Weg, der zwar billiger, aber schwie= riger zu beschreiten ist, um die nötige Menge von zur Krankenpflege ent= sprechend ausgebildeten Frauen zur Hülfeleistung bei der Armenkrankenpflege in direktem Dienste der Gemeinde heranzuziehen, und das ist die Beschaffung von sogen. Helferinnen. Man verstehe unter solchen nicht bloße Dilettantinnen. Am Krankenbette können grundsätzlich nur Damen Verwendung finden, die über die nötigen Kenntnisse und Erfahrungen verfügen; unbedingt muß hier jedes Eingreifen Unberufener, und wenn sie noch so opferwillig und arbeits= bereit sind, zurückgewiesen werden. Die Helferinnen sind nun keine voll= ständig geschulten Krankenpflegerinnen, sie sind aber so weit vorbereitet, daß sie gerade den hier in Rede stehenden Dienst mit gutem Erfolg übernehmen können. Solche Helferinnen bildet der Johanniterorden vielfach aus. Auch verschiedene Mutterhäuser des Roten Kreuzes haben solche ausgebildet, um die Armenpflege der Frauenvereine vom Roten Kreuz durch die Hülfe dieser Damen, die dieselbe unentgeltlich leisten, zu verbessern. Diese Damen kann die städtische Armenverwaltung auch zur öffentlichen Armenpflege heranziehen, was namentlich da sehr erleichtert sein wird, wo schon Armenpflegerinnen arbeiten. Jedenfalls lohnt es doch wohl, einmal einen Versuch zu machen, eine Anzahl Damen zu vereinigen, die sich für den Dienst bei der Stadt als Helferinnen ausbilden lassen und die kleineren Arbeiten der Krankenpflege bei den Armen übernehmen. Die schwierigen Fälle müssen natürlich immer der vollständig ausgebildeten Pflegerin überlassen bleiben.

Das, warum es sich hier hauptsächlich handelt, ist die Herrichtung und Erneuerung des Bettes, Reinigen, Verbinden und Lagern der Kranken, die Sorge für Desinfektion, für richtige Kost, Erfrischungsmittel und sonstige Erleichterungen. So einfach die hier erforderlichen Handreichungen auch aussehen, so sind sie doch gar nicht leicht zu lernen, und es bedarf großer Übung, um sie sich anzueignen. Ein bloßer theoretischer Unterricht genügt hier unter keinen Umständen; die Schülerin muß unbedingt längere Zeit hindurch, mindestens drei bis sechs Monate, in einer Krankenpflegeanstalt völlig ausschließlich mit diesen Arbeiten beschäftigt und darin geübt worden sein.

In dieser Weise tüchtig geschulte, lediglich im Ehrenamt arbeitende Helferinnen zu gewinnen, liegt nicht aus dem Bereiche der Möglichkeit. Der Aufenthalt in einem gut geleiteten Krankenhause mit seinen hellen freundlichen, gut gelüfteten, musterhaft sauberen Räumen ist nichts Unangenehmes. Die Ansteckungsgefahr, die so oft dabei ins Treffen geführt wird, ist kaum in Betracht zu ziehen. Die Thätigkeit ist hochinteressant und für eine mit Ernst an ihre Aufgabe herantretende Dame in hohem Grade fesselnd und befriedigend. Besonders erleichtert ist die Teilnahme an solchen Kursen in den Krankenhäusern, wo der Schwesternbestand sich nur aus gebildeten Kreisen rekrutiert, die in ihrem Denken und Fühlen den Helferinnen nahestehen. Hervorgehoben mag hier noch werden, daß die Helferinnen durch ihre Ausbildung keine dauernden Verbindlichkeiten übernehmen. Sie erwerben dadurch nur schätzbare Kenntnisse und Fähigkeiten, die sie verwerten können, wenn und soweit sie der Wunsch beseelt, menschliches Elend, menschliche Not lindern zu helfen. Sollten sich zu solchen Zwecken, wenn es richtig angegriffen wird, nicht Damen aus den gebildeten Ständen in genügender Zahl finden? Sollten sich unter den Frauen und Mädchen, die schon jetzt so zahlreich in der Armenpflege thätig sind, nicht eine Anzahl vereinigen lassen, die durch ihre Ausbildung als Helferinnen es erreichen, ihre Thätigkeit so viel wertvoller und segenbringender zu gestalten! Wir haben ja in jenen Ständen Damen genug, die, durch ihre häuslichen Pflichten nicht genügend beschäftigt, geradezu hungrig sind nach tüchtiger, regelmäßiger Arbeit, die den bringenden Wunsch haben, in einer edlen Weise sich zu bethätigen, aber nicht wissen, wie, und ihre Zeit mit unbefriedigenden Arbeiten zubringen, die mehr oder Zeitvertreib wie Arbeit sind. Sollte von diesen Damen, die nicht auf einen gewinnbringenden Beruf angewiesen sind, sich nicht eine Zahl finden lassen, die zu eigener Befriedigung und Beseligung und zum Nutzen und Segen ihrer ärmsten Mitmenschen, der kranken Armen, diese Arbeiten übernehmen. Jedenfalls ist es wohl des Versuches wert.

Auch möge man, da ein Teil der Kranken der Pflege durch Männer bedarf, es einmal versuchen, die vielen in allen größeren Städten jetzt theoretisch und praktisch ausgebildeten Mitglieder der Genossenschaft freiwilliger Krankenpfleger und der Sanitätskolonnen, die beide unter dem Roten Kreuze arbeiten, heranzuziehen zur Mithülfe in der Armenpflege. Ein Teil wird gewiß zu werben sein.

Diese Persönlichkeiten würden dann zu großem Nutzen in der öffentlichen Armenpflege mithelfen können. Über die Heranziehung der Vereine u. s. w. auf diesem Gebiete wird weiter unten die Rede sein.

Zum Schlusse der Erörterung der Frage, was in der Armenpflege Männerarbeit, was Frauenarbeit ist, möge die Auswahl und Hingabe der Unterstützungen besprochen werden. Die einfachste Unterstützung durch die Hingabe von Geld, die in einer Reihe von Fällen unbedenklich und praktisch ist, wie z. B. bei alten Männlein und Weiblein, hat man im übrigen so viel wie möglich eingeschränkt und durch Lieferung von Naturalgaben ersetzt. Es handelt sich hier also hauptsächlich darum, Lebensmittel, Heizmaterialien, Kleidungsstücke, Wäsche und dergleichen anzuschaffen und zu prüfen, was und wieviel jedesmal für den Haushalt notwendig ist. Diese Prüfung und Auswahl kann wohl unbedenklich in den meisten Fällen den in solchen Anschaffungen erfahrenen Frauen überlassen werden, namentlich immer da, wo es sich nicht bloß um die Bedürfnisse von Männern handelt. Sie sind, da es sich um Haushaltungsdinge handelt, darin wohl mindestens so sachverständig wie die Männer. Auch mit den häufig vorkommenden Abschlüssen von Lieferungsverträgen mit Bäckern, Metzgern, Milchhändlern u. s. w. können sie ohne weiteres betraut werden.

Das ist im großen und ganzen die Thätigkeit in der allgemeinen Armenpflege. Die in den einzelnen, besondern Zweigen derselben erforderliche mag hier nur kurz erörtert werden. Da ist zunächst die Beaufsichtigung und Überwachung der in Familienpflegen untergebrachten städtischen Ziehkinder zu erwähnen. Diese wird, wie jede Arbeit bei Kindern, sehr gut den Frauen überwiesen werden können, ganz besonders aber da, wo es sich um kleine und um größere weibliche Kinder handelt. Namentlich ist es hier sehr rätlich, daß schon bei der Auswahl der Familien, die sich zur Aufnahme von Ziehkindern melden, die Frauen zugezogen und um ihre Meinung befragt werden, ehe Entscheidungen getroffen werden. Denn hier sieht die Frau weit mehr wie der Mann. Auch da, wo Erziehungsanstalten für Kinder sind, wird es nur nützen können, wenn hier und da Frauen einen Blick in die Wohnräume und Küche werfen. Auch den in den Armenhäusern untergebrachten Personen, namentlich den Frauen, wird es erwünscht sein, wenn die Armenpflegerinnen durch von Zeit zu Zeit wiederkehrende Besuche ihnen Gelegenheit geben, Rat und Beistand zu erbitten. Ferner werden bei Verteilung von Gaben aus den Fonds für Genesende u. s. w. die Frauen vorteilhaft beschäftigt werden können. Zum Schlusse wollen wir noch, da wir hier nicht zu sehr in die Einzelheiten eingehen können, die Thätigkeit der

Frauen bei Erhebung von Mieten in den städtischen Mietshäusern kurz erwähnen.

Viele Städte besitzen Häuser, in denen an wenig bemittelte Familien Mietwohnungen billig abgegeben werden. Einige haben mit großem Nutzen die Mieten dieser Wohnungen von den in der Armenpflege beschäftigten Damen erheben lassen. Daß diese Beschäftigung an sich ebensogut von den Armenpflegern ausgeübt werden kann, ist klar. Sie wurde aber den Damen überwiesen, weil es diesen eben leichter gelingt, das Vertrauen ihrer Schütz= linge zu erringen, weil man ihnen Gelegenheit geben wollte, den Mietern und ihren Familien näher zu treten und ihnen, wo es nötig, mit Rat und That zur Seite zu stehen. Diese Versuche haben gute Früchte gezeigt; die Damen sind wirklich Vertrauenspersonen der Mieter geworden, die ihnen ihre Leiden und Freuden gern mitteilen und ihren Rat in Anspruch nehmen. Darin liegt der wichtige erziehliche Zweck dieser Einrichtung, der aber nur von den Frauen erreicht werden kann, weil diese die nötigen Kenntnisse der häuslichen Verhältnisse besitzen. Eine solche Einwirkung auf das wirtschaft= liche und sittliche Verhalten der Mieter ist sehr nützlich und segensreich, selbst wenn sie nur in einem bescheidenen Umfange stattfindet.

Was schließlich die Arbeiten der vorbeugenden Armenpflege, d. h. der Thätigkeit zur Beseitigung der Gründe, die zur Armut geführt haben und noch führen, betrifft, so gilt auch hier dasselbe, was bezüglich der Frauen bei den übrigen Zweigen der ausführenden Armenpflege gesagt worden ist. Auch hier wird die Frau mit großem Nutzen und erfolgreicher thätig sein, wie der Mann, namentlich da, wo es sich um Frauen und Kinder handelt, wo für diese Unterricht, Erwerb, Stellung u. s. w. zu beschaffen ist.

In der geschilderten Weise scheidet sich in der Armenpflege die Thätig= keit des Mannes und der Frau, wenn man der Sachlage keinen Zwang anthun will. Ehe wir aber darzulegen versuchen, wie nun die Frau in den Organismus der öffentlichen Armenpflege einzuführen ist, sind noch ein paar Einwendungen genereller Natur gegen diese Einführung zu besprechen.

Es heißt, der Mann bewährt sich und zeigt seine Arbeitsthätigkeit in seinem Beruf und seinem öffentlichen Wirken; bei der Frau haben wir keine Gewährleistung dafür, daß sie konsequent und stetig genug sein wird, ein ihr übertragenes öffentliches Amt auch richtig zu bekleiden, daß sie sich willig den notwendigen Anordnungen unterwirft, sich unterordnet, wie dies bei einem großen Geschäftsbetrieb notwendig ist, daß sie eine bequeme Kollegin ist, und was derartige Befürchtungen mehr sind.

Diese Einwendungen sind an sich nicht unberechtigt, denn die öffentliche Thätigkeit der Frauen ist noch zu neu und noch zu wenig umfassend, als daß es ihnen schon hätte gelingen können, überall von ihrer Fähigkeit zu solchen Stellen zu überzeugen. Die Frauen, die hier heranzuziehen wären, würden entweder noch ganz unerprobt auf diesem Gebiete oder bisher schon in der Privatarmenpflege beschäftigt gewesen sein. Aber auch selbst bei den letzteren würden die Zweifel berechtigt sein, denn es ist ein gewaltiger Unterschied, ob man sich je nach Neigung in der Armenpflege beschäftigt, oder ob man es nach bestimmter Anweisung thun muß. Es ist viel leichter, Familien und Arme zu pflegen, die man sich selbst aussucht, für die man ein besonderes Interesse mitbringt, als wenn man die zugewiesenen Familien versorgen muß, die unter Umständen recht unsympathisch sein können.

Nach den Erfahrungen der beiden letzten Jahrzehnte, können wir diese Zweifel mit gutem Gewissen als unbegründet zurückweisen. Die Frauen haben in dieser Zeit so manche großartige Anstalt geschaffen und geleitet, so zweckmäßig teils unter sich, teils mit den Herren gemeinschaftlich, sogar auch mit Behörden gearbeitet, daß wir ihnen auch diese Thätigkeit anvertrauen können, und das umsomehr, als sie sie ja an vielen Orten schon seit Jahren mit gutem Erfolge ausüben. Die Frau bringt hier sehr schätzenswerte Eigenschaften mit, ihre große Beharrlichkeit und Geduld, die unermüdlich auf dasselbe zurückkommt, bis der Zweck erreicht ist, ihr Wohlwollen und ihre Freundlichkeit gegen die Leidenden, dann eine Pflichttreue und Ausdauer, die mindestens der der Männer gleichkommt. Es fehlt ihnen weder an der nötigen Festigkeit, unberechtigten Ansprüchen entgegenzutreten, noch an der Gabe, sich besserer Ansicht oder Majoritätsbeschlüssen ruhig unterzuordnen. Das haben die Frauen zur Genüge in den Frauenvereinen vom Roten Kreuze und anderen Vereinigungen bewiesen. Endlich aber beschäftigen sich die Frauen in der Regel mit den ihnen anvertrauten Aufgaben intensiver und hingebender wie die Männer, vor denen sie ja den Vorzug haben, nicht durch eine besondere Berufsthätigkeit oder durch Überhäufung mit Arbeit gehemmt zu sein. Dieser Vorteil der freien Zeit würde allerdings ohne die weiter angeführten guten Charaktereigenschaften nicht viel zu bedeuten haben, denn bei den Männern thun diejenigen, die am vollständigsten freie Zeit haben, in der Regel wenig oder gar nichts. Ich glaube, und es werden mir die Herren, die schon mit Frauen gemeinschaftlich gearbeitet haben, gern beistimmen, daß die Einführung der Frauen in die öffentliche Armenpflege nach ihrer ganzen Beanlagung nur von Nutzen und unbedenklich ist.

Erkennt man die Richtigkeit dieses Satzes an, dann muß man notwendig zu dem Schlusse kommen: diese Heranziehung der Frauen muß durchgeführt werden. Wie jeder, der der Allgemeinheit nützen kann, auch die Pflicht hat, es zu thun, so hat auch die Frau da, wo sie helfen kann und nützen, die Pflicht, einzugreifen, und ein Recht darauf, daß ihr bei Ausübung dieser Pflicht keine Hindernisse in den Weg gelegt werden. Es handelt sich dann nur noch um die Frage, wie es geschehen kann.

Es giebt verschiedene Wege, die zum Ziele führen:

1. Man nimmt die erforderliche Zahl von Frauen und Mädchen in den Organismus der Armenverwaltung als gleichberechtigt mit den männlichen Armenpflegern auf.
2. Man übergiebt den für die Frauenthätigkeit geeigneten Teil der Armenpflege einem eng an die Armenverwaltung angeschlossenen Frauenvereine.
3. Man überläßt ihn der privaten Wohlthätigkeit und sucht diese möglichst in Verbindung mit der öffentlichen Armenpflege zu bringen.

Der erste dieser Wege ist der, der am zweckmäßigsten und am meisten der Natur der Sache entsprechend erscheint. Wenn die öffentliche Armen=

pflege die Ergänzung der Arbeit der Armenpfleger durch die Hülfe der Frauen für notwendig erachtet, so ist es das Einfachste, wenn sie direkt neben den Armenpflegern auch Armenpflegerinnen in ihre Dienste zieht. Wir haben dann festzustellen, woher die Frauen zu nehmen sind, welche Thätigkeit ihnen zugewiesen und wie ihr Verhältnis zu den männlichen Helfern geordnet werden soll.

Die nötige Anzahl von Frauen zu dieser Thätigkeit zu finden, ist nicht ganz leicht. Männer, die geeignet sind für eine öffentliche Thätigkeit, ergeben sich leichter, da diese, sei es durch ihren Beruf, sei es durch gemeinnütziges oder politisches Wirken, sei es durch den persönlichen Verkehr, in der Regel in weiteren Kreisen bekannt sind, was bei den Frauen selten der Fall ist. Bekannt sind wohl diejenigen Frauen, die sich bereits in der freiwilligen Armenpflege einen Wirkungskreis geschaffen haben. Diese könnte man wohl wählen. Doch ist der Zweifel nicht unberechtigt, ob das gerade zweckmäßig ist. Die Gefahr liegt nahe, daß, wenn man solche Damen von ihren barmherzigen Arbeiten in andere Bahnen lenkt, ihr Wirken dadurch gestört wird, ohne daß man die Sicherheit hat, daß dieser Ausfall durch den Gewinn in der neuen Thätigkeit ersetzt werde. Da gerade die tüchtigsten dieser Damen, die ihren Arbeiten die größte Ausdehnung gegeben haben, auch die selbständigsten Charaktere sind, so wird gerade bei ihnen auf die zu einem gedeihlichen Zusammenwirken nötige Assimilation nicht bestimmt zu rechnen sein, werden gerade sie gern eine solche Wahl ablehnen. Der Anschluß solcher Arbeiterinnen an die öffentliche Armenpflege, so, daß ihr Wirken nicht gestört, sondern verstärkt und verbessert wird, kann besser auf eine später zu erörternde Weise erreicht werden. Unmöglich ist es nun nicht, durch direkte Wahl aus diesen oder jenen Kreisen die nötige Anzahl von Pflegerinnen zu erhalten, zweckmäßiger und bequemer scheint es aber zu sein, wenn, wie dies schon längere Zeit an verschiedenen Orten mit Erfolg geschehen ist, die Wahl der in der öffentlichen Armenpflege zu beschäftigenden Frauen oder wenigstens deren Vorschlag andern, geeigneten Stellen überlassen wird.

Hierfür geeignet sind vor allem größere Frauenvereine, die eine geordnete und gut organisierte Armenpflege unterhalten und dadurch über eine Anzahl von Frauen verfügen, welche mit den in Betracht kommenden Arbeiten vertraut und gewohnt sind, mit anderen gemeinsam zu wirken. Vorzuziehen sind die Vereine, die, ohne irgendwelche andere Zwecke zu verfolgen, sich lediglich mit Arbeiten auf gemeinnützigem und wohlthätigem Gebiete befassen. Andere Vereine, z. B. die konfessionelle Zwecke dabei befolgenden, grundsätzlich auszuschließen, würde nicht zweckmäßig sein, da die Vielgestaltigkeit der örtlichen Verhältnisse manchmal gerade solche zu benutzen zwingt. Unter den interkonfessionellen Vereinen kommen aber vor allem die Frauenvereine vom Roten Kreuze in Betracht. Diese sind in allen Teilen des Deutschen Reiches vertreten. Sie haben eine gleichmäßige, einer Centralstelle unterstellte Organisation und verfolgen überall die gleichen Ziele mit gleichen Mitteln. Ihre Armenpflege paßt sich am leichtesten der öffentlichen an. Diese Vereine haben, noch jung und durch keine alte Überlieferungen und Übungen gehemmt, ihre Einrichtungen ganz im Sinne der Anschauungen der Neuzeit getroffen und die Grundsätze der modernen Armenpflege wohl am reinsten und nachdrücklichsten eingeführt. Sie haben nicht nur allen Anregungen des Deutschen Vereines für Armenpflege und Wohlthätigkeit gern Folge geleistet, sondern selbst auch vieles angeregt und durchgearbeitet. So sind sie auch eine geeignete Stelle, um eine richtige Auswahl unter den zu Gebote stehenden Damen zu treffen. Daß der Armenverwaltung den vorgeschlagenen Damen gegenüber die nötigen Rechte vorzubehalten sind, versteht sich von selbst.

Eine solche Einrichtung erleichtert nicht nur die Wahl, sondern hat noch den weiteren Vorteil, daß sie bereits vorgebildete Damen liefert, Damen, die durch gemeinsame Arbeit bereits in eine gewisse Verbindung untereinander gesetzt sind und dadurch leichter ihre Ansichten und Erfahrungen austauschen, etwaige Verbesserungen beraten können. Dieses Verhältnis, sowie der Rückhalt, den sie an ihrem Vereine haben, wirkt bestimmend für den Eintritt in eine fremde Behörde, der sonst einer Frau nicht leicht fallen wird.

Sind nun die nötigen Armenpflegerinnen gewonnen, sei dies durch direkte Wahl oder durch Vermittelung eines Vereines, so sind dieselben in die einzelnen Bezirke je nach Bedürfnis zu verteilen, aber so, daß mindestens eine Pflegerin in jeden Bezirk kommt. Besser ist es, wenn mindestens zwei in einem Bezirke vertreten sind, dann fühlen sie sich sicherer in den Sitzungen und nicht so vereinsamt. Ob die Armendirektion die Pflegerin direkt nach dem Vorschlage des Vereins für den einzelnen Bezirk bestellt, oder ob sie vorher die Bezirkskommission Vorschläge machen läßt oder sie hört und dann sich mit dem Frauenverein ins Benehmen setzt, das ist keine sehr bedeutende Sache und mag nach den örtlichen Bedürfnissen entschieden werden.

Wesentlicher ist die Frage, ob man nicht den Frauen auch eine Vertretung in der höchsten Stelle, in der Armendirektion, gewähren solle. Dies ist sehr zu empfehlen und stellt eine vorteilhafte direkte Verbindung zwischen den Pflegerinnen und der Direktion dar. Es werden also am einfachsten die Armenpflegerinnen, die durch einen Verein gewählt sind, in einer besonderen Sektion des Vereines zusammengefaßt, unter eine Vorsitzende gestellt und diese Vorsitzende berechtigt, an den Sitzungen der Armendirektion teilzunehmen. Konsequent ist es, ihr darin volles Stimmrecht zu erteilen; jedenfalls müßte sie eine beratende Stimme haben.

Diese Vorsitzende ist Vertrauensperson sowohl der städtischen Organe wie des Vereins und ihrer Armenpflegerinnen und stellt die Verbindung zwischen diesen einzelnen Faktoren in einfacher und glücklicher Weise dar und trägt wesentlich zur engen Verbindung der Vereinsthätigkeit mit der öffentlichen bei. Sie wirkt so gleich vorteilhaft nach beiden Seiten. Sie ist die Beraterin des Vereines, dem sie über ihn interessierende Momente aus der öffentlichen Armenpflege Mitteilung machen kann, sie ist die Stütze und Beraterin der Armenpflegerinnen, denen sie sachverständige Anleitung und Rat erteilt, die sie in ihrer Thätigkeit kontrolliert, und deren etwaige Beschwerden sie zu prüfen, auszugleichen und erforderlichenfalls zur Entscheidung der dazu berufenen Organe zu bringen hat. Weiter hat sie in erster Linie auf Ermittelung und Gewinnung neuer, geeigneter Pflegerinnen bedacht zu sein. Zweckmäßig wird sie ihre Armenpflegerinnen von Zeit zu Zeit, mindestens aber jedes Vierteljahr einmal zu einer gemeinsamen Sitzung vereinigen, um die allgemeiner interessierenden Angelegenheiten zu besprechen, die neueren Arbeiten auf dem Gebiete des Armenwesens mitzuteilen und zu einer frischen Besprechung der Thätigkeit, zu einem lebhaften Austausche der Erfahrungen und Ansichten anzuregen. Nehmen an solchen Sitzungen die übrigen Vorstandsmitglieder des Vereins und sonstige Interessenten teil, so wird die Wirkung eine noch günstigere sein.

Hat sich in dieser Weise äußerlich die Einführung der Frauen in die öffentliche Armenpflege vollzogen, so ist der innere Ausbau der neuen Einrichtung zu erledigen, die Regelung des Verhältnisses zwischen den Armenpflegern und Armenpflegerinnen und die Verteilung der Arbeit unter ihnen.

Beide Gattungen der Pfleger haben gleiche Pflichten und Sorgen, es müssen ihnen deshalb auch gleiche Rechte eingeräumt werden. Ein gedeihliches Zusammenwirken beider Geschlechter in der Armenpflege kann nur auf der Basis vollständiger Gleichberechtigung aufgebaut werden. Diese Gleichberechtigung darf aber nicht nur auf dem Papier stehen, sie muß ehrlich und redlich durchgeführt werden, was bei einigem guten Willen nicht schwierig ist. Nun kann nicht verhehlt werden, daß in den Männerkreisen, wenn auch uneingestanden, sich vielfach ein starkes Widerstreben gegen eine solche Gleichstellung geltend macht, und daß das alte mulier taceat in ecclesia noch so fest sitzt, daß es für viele Männer auch heute noch wenig anmutend ist, mit Frauen im öffentlichen Leben gemeinsam zu arbeiten, obwohl doch sonst die Frau als gleichberechtigte Gehülfin und Mitarbeiterin angesehen wird. Ein mir vorliegender Bericht der Armendirektion einer größeren preußischen Stadt sagt ganz offen: „Jedoch scheint bei einigen Bezirkskommissionen ein gewisses Vorurteil gegen die Frauen immer noch vorhanden zu sein, da sich das Bestreben bemerklich macht, die Zulassung der Frauen zu dem Ehrenamte soviel als möglich zu hindern. Den Armenräten und Pflegern alten Schlages sind die Frauen unbequem". Will man so verfahren, in den Sitzungen die Frauen unbeachtet lassen, sie bei Verteilung der Arbeit hintenansetzen und übergehen, dann lasse man lieber die ganze Heranziehung derselben. Die Frau soll mitraten und mitthaten, aber nicht ein bloßer Dekorationsgegenstand, ein geduldetes Wesen sein. Ist der gute Wille vorhanden, sie als gleichberechtigte Mitarbeiterin zu behandeln, und dieser gute Wille wird ja wohl in der Mehrheit der Fälle nicht fehlen, dann werden alle jetzt vielleicht noch gefürchteten Unzuträglichkeiten sich bald als bloße Phantasien herausstellen. Aber die vollständige Gleichheit der Stellung der Armenpflegerin mit der des Armenpflegers ist unbedingte Voraussetzung des Gelingens. Eine bloße Beiordnung der Frau als gelegentliche Gehilfin des Armenpflegers wird ebenso wenig ein dauerndes gedeihliches Zusammenwirken erzielen, als wenn man den Bezirkskommissionen als solchen Frauen zu gelegentlicher beliebiger Verwendung bei einzelnen Pflegefällen zur Verfügung stellt. Die Frauen würden sehr rasch zurücktreten, weil dann die nötige Arbeitsfreudigkeit fehlte.

Wenn wir dazu übergehen, die Regeln festzustellen, nach denen in den Bezirkskommissionen die Arbeiten zwischen männlichen und weiblichen Armenpflegern zu verteilen sein würden, so kann ich es nicht für wünschenswert ansehen, wenn hierfür eine bestimmte, imperative Norm und Schablone gegeben wird. Mit einer solchen setzt man sich selbst Schranken, die die freie Bewegung hemmen, ohne irgendwie zu nützen. Man überlasse diese Arbeitsteilung der einzelnen Bezirkskommission.

Diese wird den Männern diejenigen Fälle von vornherein zuteilen, in denen den Frauen überhaupt eine Thätigkeit nicht zugemutet werden kann, dann die Recherchierung da, wo es sich um einzelnstehende Männer und wo es sich hauptsächlich um Erwirkung von Renten, Unterstützungen und dergleichen handelt. In gleicher Weise könnte diese Thätigkeit den Frauen bei Kindern und alleinstehenden Frauen zugewiesen werden. In Fällen, wo es sich um Unterstützung von Familien handelt ist ebenfalls eine nach bestimmten Grundsätzen geregelte Verteilung nicht zu empfehlen. An manchen Orten wird die Untersuchung in solchen Fällen abwechselnd den weiblichen und männlichen Pflegern zugewiesen; damit beseitigt man aber gerade die Vorteile, die das Zusammenwirken beider Geschlechter mit sich bringt. Viel entsprechender scheint es uns, wenn in geeigneten Fällen die Recherchen von beiden vorgenommen werden. Sei es von beiden zugleich oder erst von dem Pfleger und dann von der Pflegerin. Die beiden werden mehr sehen, wie jedes von ihnen allein, und der Sache wird damit nur genützt. Es ist dies keine zu große Arbeitsvermehrung, denn eine große Zahl von Fällen, die entweder zur Genüge schon bekannt sind oder der Natur der Sache nach sehr einfach sind, bedürfen nicht der Feststellung durch zwei Persönlichkeiten. Andererseits wird aber auch in manchen der Fälle, die wir der Recherchierung der Männer oder der Frauen allein überwiesen haben, das Bedürfnis zur Zuziehung des zweiten Sachkenners eintreten und das kann dann leicht befriedigt werden.

Es würden also die Armenverwaltungen nur allgemeine Anordnungen zu treffen haben über das, was durch diese Ermittelungen festgestellt und erreicht werden soll, also bezüglich des Maßes, der Ursachen der Bedürftigkeit, sowie der Würdigkeit des Bittstellers, und es im übrigen den beteiligten Kommissionen überlassen, wie sie die Arbeiten verteilen wollen. Wenn man denselben eine gewisse Direktive erteilen will, so möge man es im Sinne der eben geschilderten Grundsätze thun, man schablonisiere aber nicht, gebe keine feste Regel, sondern nur Anhaltspunkte, sodaß man nicht gehemmt ist, je nach den Bedürfnissen des einzelnen Falles frei verfahren zu können. Die praktische Erfahrung wird hierbei leicht den richtigen Weg finden, und wenn wirklich einmal dabei Mißgriffe und Irrtümer vorkommen, nun dann fällt es auch nicht schwer, sie wieder gut zu machen. Jedenfalls ist die Mitwirkung der Frauen auch in diesem Stadium der Armenpflege unschwer herzustellen. Außerdem kann ich mich des leisen Verdachtes nicht erwehren, daß eine solche Mitwirkung auch an den Orten, wo sie offiziell nicht eingeführt ist, schon längst inoffiziell vorhanden ist, und daß recht viele Armenpfleger in den Fällen, wo sie ganz ratlos die Unzulänglichkeit des Mannes auf manchen internen Familiengebieten empfanden, gern die

Beihilfe der Frau oder einer anderen weiblichen Vertrauensperson in Anspruch genommen haben.

In gleicher Weise ist in der ausführenden Armenpflege, der eigentlichen Pflege der Bedürftigen zu verfahren. Auch hier müssen bezüglich der Arbeitsteilung zwischen Pflegern und Pflegerinnen dieselben Grundsätze entsprechende Anwendung finden. Diejenigen Pflegen, in denen, wie oben geschildert, für die Thätigkeit der Frau der richtige Platz gegeben ist — sie decken sich im allgemeinen mit denen, in welchen wir den Frauen auch schon die Recherchierung überlassen — werden den weiblichen, die übrigen den männlichen Pflegern überwiesen, in ganz besonderen Fällen beide damit befaßt. Stellt es sich heraus, daß die getroffene Wahl unzweckmäßig war, so kann der Mißgriff sofort verbessert werden.

Was die besonderen Zweige der Armenfürsorge betrifft, so kann den Armenpflegerinnen die Mithilfe bei Krippen, Kleinkinderschulen, Waisenhäusern, Armenhäusern, die Überwachung der städtischen Ziehkinder, die Hilfe in Ferienkolonien, die Fürsorge für Ausbildung armer Mädchen und für die weibliche Jugend dienenden Standes u. s. w. überwiesen werden, wo solche Einrichtungen vorhanden und unter städtischer Verwaltung stehen.

In der hier dargelegten Weise kann sich die Einführung der Frauen in die öffentliche Armenpflege vollziehen, ohne daß an der vorhandenen Organisation etwas geändert wird. Es wird eben nur statt einer Anzahl Männer eine Anzahl weiblicher Hilfskräfte hinzugezogen. Diese Art der Heranziehung der Frauen, die in erster Linie besonders für größere Gemeinden geeignet sein wird, ist die ausgedehnteste und durchgreifendste, da sie den Frauen dieselben Rechte, die gleichsam amtliche Stellung einräumt, wie sie bisher nur die Männer innegehabt haben, und ihnen damit die größtmögliche Gelegenheit zur Entfaltung eines segensreichen Wirkens giebt. Diese Art der Heranziehung ist aber auch die einfachste und leichteste, weil konsequenteste. Außerdem ist sie bereits erprobt und hat sich seit einer langen Reihe von Jahren an vielen Orten auch bewährt.

Die Heranziehung der Frauen zur öffentlichen Armenpflege kann aber, wie schon erwähnt, auch auf andere Weise erreicht werden und zwar dadurch, daß einem in engstem, genau geregelten Verhältnis zu der städtischen Armenverwaltung stehenden Frauenverein die Ausübung der ganzen öffentlichen Armenpflege oder einzelner Teile derselben überlassen wird.

Daß Frauenvereine den größten Teil der ganzen öffentlichen Armenpflege ausüben, kommt namentlich an kleinen Orten sehr oft vor und giebt es eine ganze Menge von Frauenvereinen vom Roten Kreuze oder anderen Vereinen, denen von der Ortsbehörde die Ausübung der Armenpflege fast ganz überlassen ist und die dafür eine mehr oder weniger entsprechende Unterstützung aus der Gemeindekasse beziehen. Dies Verhältnis hat sich ganz naturgemäß und leicht entwickelt. Wie nicht zu verkennen ist, besteht in den kleinen Landgemeinden eine eigentliche Fürsorge für die Armen, wenn eine solche überhaupt vorhanden ist, nur in sehr geringem Maße, wenigstens ist dies der Fall in der Mehrheit dieser Gemeinden. Beschäftigt sich nun dort jemand mit der Armenpflege, dann läßt man ihn gern gewähren, vorausgesetzt daß er keine Anforderungen an den Gemeindesäckel macht. Und so üben thatsächlich eine Menge Frauenvereine die ganze Armenpflege des Ortes aus. Ist man mit ihrer Thätigkeit zufrieden, dann erhalten sie auch wohl eine Unterstützung aus der Gemeindekasse, entweder ein möglichst gering bemessenes Pauschquantum oder einen bestimmten kleinen Beitrag für jede unterstützte Person. Eine formelle Festlegung des Verhältnisses des Frauenvereines zu den Gemeindebehörden findet in den kleineren Orten selten statt, die Verhältnisse sind so durchsichtig, die Hilfen so einfach, und dabei ist alles, was geschieht, allen bekannt, sodaß es keiner besonderen Kautelen bedarf. Das weibliche Element ist hier entschieden Alleinherrscher und eine Rivalität zwischen ihm und den Männern kommt schon deshalb nicht vor, weil die letzteren ihm diese Arbeit bereitwilligst und unbestritten überlassen. Schwierigkeiten sind hier nicht entstanden, aber der große Vorteil ist durch die Frauenthätigkeit erreicht worden, daß da, wo früher gar nichts oder fast gar nichts für die Armen geschah, jetzt eine geordnete regelmäßige Pflege eingerichtet ist.

In größeren Städten sind derartige patriarchalische Einrichtungen nicht möglich. Hier erfordert die Vielgestaltigkeit und Unübersichtlichkeit der Verhältnisse, sowie der Umfang und die Schwierigkeit der Armenpflege eine bis ins kleinste gegliederte Organisation. Außerdem können die Mittel, die zur Unterstützung Bedürftiger nötig sind, unmöglich von Vereinen aufgebracht werden; und da, wo die Stadt sie giebt, kann sie wiederum nicht auf die Mitwirkung ihrer Organe bei deren Verwendung verzichten. Die Arbeiten selbst sind zu bedeutend und schwierig, um ganz von einem Vereine übernommen werden zu können und wenn er noch so leistungsfähig ist. Man hat deshalb in einer Anzahl größerer Städte und wie ich gleich beifügen will, mit recht gutem Erfolge, die städtische Armenverwaltung in enge Verbindung mit einem Frauenverein gebracht und diesem ganz bestimmte Aufgaben der Armenpflege zur selbständigen Bearbeitung überlassen. Diese Aufgaben sind sehr verschiedentlich gestellt worden. Hier überließ man dem Frauenverein städtische Wohlthätigkeitsanstalten zur Verwaltung und Überwachung oder benutzte die vom Verein eingerichtete Anstalt; dort überließ man ihm mehr die Ergänzung der öffentlichen Armenpflege, die Hilfe in den Fällen, wo die städtischen Behörden nicht einschreiten können, die Maßregeln, um der Wiederkehr der Armut vorzubeugen, durch Erziehung zur Selbständigkeit, Sparsamkeit, Ordnung und Reinlichkeit, durch Ermöglichung von Erwerb u. dergl. mehr, und übergab ihm von der eigentlichen öffentlichen Armenpflege nur einzelne kleinere Teile, sodaß hier der Hauptvorteil in der direkten Fortsetzung der Unterstützungsarbeit und in der dadurch erzielten Vertiefung derselben bestand und darin, daß diese Arbeiten ganz nach den von den Städten vertretenen Anschauungen vorgenommen wurden. Endlich haben andere Städte den Frauenvereinen den Teil der Armenpflege, bei welchem die Mitwirkung der Frauen vorzugsweise erwünscht ist, ganz überlassen und nähern sich damit am meisten denjenigen Orten, die die Frauen ganz in ihre öffentliche Armenpflege eingestellt haben. Diese Städte haben, ohne die so notwendige Ergänzung ihrer Unterstützungsthätigkeit durch die Vereine irgendwie dadurch zu schmälern, den Vereinen die Pflege der

Kinder, der Frauen, der Familien, soweit dies zweckmäßig, die Pflege in Krankheitsfällen sowie während der Genesung, die Sorge für bessere Nahrung u. s. w. überlassen, damit also einen recht erheblichen Teil der Armenpflege dem Wirken der Frauen zugewiesen.

Diese Vereine sind nun, ohne daß ihre Selbständigkeit irgendwie verringert oder beeinträchtigt würde, in die engste Verbindung mit der städtischen Armenverwaltung gebracht und schließen sich in der ganzen Anordnung ihrer Verwaltung, in ihren Grundsätzen über die Ausübung der Pflegethätigkeit, in ihrer Bezirkseinteilung und anderem ganz an die betreffenden Einrichtungen der Städte an. Alle ihnen überwiesenen Aufgaben erledigen sie selbständig; ihre Damen überzeugen sich persönlich davon, welche Unterstützung und Hilfe in dem einzelnen Falle notthut und verfahren dann ganz, wie die in den städtischen Dienst gestellten Armenpflegerinnen.

Wie nun in den einzelnen Städten die Verbindung des Vereins mit der städtischen Armenverwaltung hergestellt ist, ist aus der Zusammenstellung, die Herr Erster Staatsanwalt Chuchul in seinem Berichte gegeben hat, zu ersehen. Ich brauche hier auf die Einzelheiten nicht einzugehen, da das Verhältnis, in dem Mitglieder des Vereinsvorstandes in der Armendirektion, Mitglieder dieser in dem Vorstande des Frauenvereins vertreten sind, oder die Zahl und Anordnung gemeinschaftlicher Sitzungen zur Besprechung der größeren Arbeiten und der gemachten Erfahrungen nicht von grundsätzlicher Bedeutung ist. Es genügt, daß die Verbindung hergestellt ist, daß die Frauen ihre Thätigkeit der öffentlichen Armenpflege ebenfalls widmen und daß sich Unzuträglichkeiten aus diesem Verfahren in erheblichem Maße nicht gezeigt haben.

Nun kann wohl behauptet werden, auch dieses System erreicht das Ziel, die Frauen auf diesem Gebiete heranzuziehen; der Weg, auf welchem man zum Ziele gelangt, ist von keiner großen Bedeutung, wenn man nur das Ziel erreicht; die Systeme sind unwichtig, wichtig ist nur, daß die angestrebte Verbesserung wirklich eintritt; dem Bedürftigen ist es einerlei, wer ihm hilft, wenn ihm nur geholfen wird. Das ist in gewissem Sinne wohl richtig, indessen ist es doch unsere Aufgabe, den kürzesten und einfachsten Weg zum Ziele zu ermitteln.

Welche Gründe die Städte, die dieses System eingeführt haben, dazu bewogen haben, entzieht sich unserer Beurteilung. Möglicherweise haben ganz besonders eigentümliche örtliche Verhältnisse dabei mitgewirkt und war, wenn man überhaupt etwas erreichen wollte, vielleicht gar kein anderes Verfahren möglich. Jedenfalls kommt diese ganze Einrichtung der von mir zuerst geschilderten außerordentlich nahe. Eigentlich fehlt nur noch der letzte Schritt, um an Stelle dieses Kartellverhältnisses eine vollständige Hereinziehung der Frauen in die öffentliche Armenpflege zu erzielen. Materiell unterscheidet sie sich von jener hauptsächlich dadurch, daß meistens der Frauenverein nicht an der Recherchierung beteiligt und diese lediglich Sache der städtischen Verwaltung geblieben ist. Alle Gesuche, die bei den Vereinen eingehen, werden von der Armendirektion, geradeso wie die bei der Stadt eingehenden, geprüft und wenn die Prüfung die Hilfsbedürftigkeit ergiebt und der Fall sich für den Verein eignet, diesem mit schriftlichem Gutachten zur Erledigung zugesandt. Nach Erledigung berichtet dann der Verein an die Stadt. Das erfordert, wenn man die Formalien auch noch so sehr abkürzt, doch einen ziemlich umfangreichen und zeitraubenden schriftlichen Verkehr. Immer fehlt aber die Mithilfe der Frauen bei den Recherchen. Das spricht nicht gegen das System, denn man könnte auch bei Beibehaltung dieser Einrichtungen, eine Mitwirkung der Frauen in diesem ersten Stadium der Thätigkeit einführen. Mehr spricht dagegen, daß dort nun eigentlich zwei öffentliche Armenpflegen bestehen, von denen die eine sich in den Händen der Männer, die andere in denen der Frauen befindet, daß die Verbindung, mag sie auch noch so eng gestaltet sein, eben doch immer nur ein Nebeneinanderarbeiten der Frauen und der Männer nicht ein Miteinanderarbeiten derselben darstellt und auch die engste Verbindung immerhin noch keine Gemeinschaft ersetzen kann. Das läßt sich auch nicht durch die gemeinschaftlichen Sitzungen ersetzen. Weiter mag noch als Vorteil der vollständigen Einstellung in den städtischen Dienst hervorgehoben werden, daß dann nur eine Centralstelle vorhanden ist, statt zweier bei der anderen Organisation.

Es ist für dieses System mehrfach geltend gemacht worden, daß gerade die dadurch erzielte gewisse Decentralisation der Armenpflege vorteilhaft und dadurch die bei einer starken Centralisation leicht eintretende Einseitigkeit vermieden sei. Dieser Begründung möchte ich nicht beitreten. Einmal ist die Armenpflege der beiden verbundenen Centralstellen kaum weniger centralisiert, wie die der anderen städtischen Armenpflege. Dann aber arbeiten wir doch schon seit längerer Zeit daran, gerade eine größere Centralisation der Armenpflege zu erreichen, um dadurch die vielfachen Mängel, namentlich der privaten Pflegethätigkeit beseitigen zu können; darin ist aber bis jetzt noch so wenig erreicht worden, daß Befürchtungen vor der schädlichen Einwirkung zu großer Centralisation wohl kaum begründet sind. Sollten sich aber später solche Schäden doch herausstellen, nun dann können wir immer noch Maßregeln dagegen treffen. Was wir bauen, bauen wir nicht für ewig, und die Furcht vor Mißbrauch einer Einrichtung darf deren Einführung, wenn wir sie für nötig und gut halten, nicht verhindern.

Jedenfalls hat diese Überweisung desjenigen Teiles der öffentlichen Armenpflege, der vorzugsweise Frauenarbeit ist, an die Frauen eine wesentliche Verbesserung der Armenpflege in Folge gehabt und wird, da wo sie geschehen ist, nicht wieder beseitigt werden.

Der Vollständigkeit halber erwähne ich noch die Einrichtungen vieler Orte, die sich bisher nicht haben entschließen können, in ihrer eigentlichen Armenpflege die Frauenthätigkeit einzuführen, die aber einzelne gesonderte Teile derselben den Frauenvereinen überlassen haben, so die Fürsorge für Kinder, die ihre Eltern verloren haben oder von ihnen verlassen sind, für die städtischen Ziehkinder, die Arbeit in Krippen, Kleinkinderschulen, Kinderhorten, Unterricht und Überwachung weiblicher Handarbeiten in Armenschulen, die Pflege besonderer Zweige von Hausindustrie, mit denen man den Armen lohnenden Erwerb zu sichern sucht, die Stellenvermittelung für arme Mädchen, die Arbeit in Mädchenherbergen, Verwertung von häuslichen Arbeiten, Hilfe in Speiseanstalten und Volksküchen, die Krankenpflege und Pflege von Genesenden. Solche Veranstaltungen sind ja in der Regel von Vereinen, meistens von den Frauenvereinen, größtenteils von den Frauenvereinen unter dem Roten Kreuz unternommen worden und mit Erfolg durchgeführt. Daß die Städte da wo sie im Besitze solcher Anstalten sind, geeignete Vereine mit deren Verwaltung betrauen, liegt nah und ist ein Vorteil für die städtische Verwaltung und die Sache selbst. Große Schwierigkeiten sind dabei nicht zu überwinden. Diese verschiedenen Möglichkeiten, hier die Frauen heranzuziehen, bedürfen nicht der Besprechung. Jede solche Heranziehung aber ist ein Fortschritt, nicht nur für die städtische Armenpflege, die Erleichterung, Hilfe und Verbesserung erhält, sondern auch für die herangezogenen Vereine, die durch ihre Verbindung mit der behördlichen Fürsorge viel lernen und gar manches Schädliche abstreifen, was sonst der Vereinsthätigkeit und der Privatwohlthätigkeit anhaftet. Das Eindringen der Grundsätze der öffentlichen Armenpflege in die letztere ist von hohem Werte, immerhin aber können alle diese Verbesserungen, so dankenswert und erstrebenswert sie auch sind, nicht die Mitwirkung der Frauen in der eigentlichen allgemeinen Armenpflege ersetzen.

Welchen Frauenvereinen nun die hier geschilderte Mitwirkung in der öffentlichen Armenpflege einzuräumen sei, entscheidet sich nach den örtlichen Verhältnissen. Auch hier sind, soweit es sich nicht um speciell konfessionelle Anstalten handelt, die interkonfessionellen Vereine vorzuziehen, weil die öffentliche Armenpflege ebenfalls interkonfessionell ist. Und unter diesen wiederum die Frauenvereine unter dem Roten Kreuz, die an einer Menge Orte des Deutschen Reiches Anstalten, wie die hier in Betracht kommenden, gegründet und mit gutem Erfolge eifrig betrieben haben.

Wir haben nun die Ermöglichung der Teilnahme der Frauen an der öffentlichen Armenpflege dadurch, daß sie gleichberechtigt mit den Männern in den Dienst der Gemeinde treten und dadurch, daß ein Frauenverein in engste geregelte Verbindung mit derselben gebracht wird, um einen mehr oder weniger bedeutenden Teil der Armenpflege zur selbständigen Bearbeitung zu übernehmen oder in einem solchen Beihilfe zu leisten, behandelt; es bleibt nun noch der schwierigste Teil der uns beschäftigenden Frage zu erledigen. Wie können die in der Privatwohlthätigkeit beschäftigten Frauen zu der öffentlichen Armenpflege herangezogen werden? Die Frage könnte ebensogut allgemeiner gestellt werden: wie kann die Privatarmenpflege mit der öffentlichen in Verbindung gebracht werden. Sehr groß ist der Unterschied nicht, denn der größte Teil der Privatwohlthätigkeit beruht auf der Thätigkeit der Frauen. Da wo nun Frauenvereine zur öffentlichen Armenpflege herangezogen sind, ist der durch sie vertretene Teil der privaten Armenpflege bereits in diese Verbindung gebracht und auch außerhalb der zu gemeinsamer Bearbeitung gestellten Aufgaben ein Verhältnis zwischen den beiden Faktoren hergestellt, welches nur von großem Nutzen für die Thätigkeit beider sein kann. Im übrigen aber harrt diese Frage trotz der vielfachsten Versuche ihrer Lösung immer noch der Erledigung.

Will man zwei derartige Organismen in eine dauernde Verbindung bringen, so muß man ihre Berührungspunkte und ihre Verschiedenheiten kennen. Nur so lassen sich die Gebiete feststellen, innerhalb deren eine Vereinigung stattfinden kann. Die öffentliche Armenpflege ist die amtliche, zu der der Staat, die Gemeinde oder sonstige Verbände durch gesetzliche Bestimmungen verpflichtet sind. Es werden ihre Kosten aus öffentlichen Mitteln bestritten. Die Privatwohlthätigkeit wird freiwillig aus Privatmitteln ausgeübt. Unter die letztere fällt nicht nur die Wohlthätigkeitsausübung einzelner Personen und der Vereine, die sich damit beschäftigen, sondern auch die der kirchlichen Gemeinden, selbst die, welche aus den städtischen Stiftungsfonds geübt wird. Privatwohlthätigkeit ist also jede Wohlthätigkeit, die nicht zu der öffentlichen gehört, und zwar ohne Rücksicht darauf, von wem, in welchem Umfange und mit welchen Nebenzwecken sie ausgeübt wird. Beide, die öffentliche und die private Wohlthätigkeit haben den Zweck, Bedürftige zu unterstützen und Not und Elend zu lindern. Die Aufgaben der öffentlichen sind aber genau begrenzt, was bei der privaten nicht der Fall ist. Die erste muß die ihr durch die Gesetze bestimmt bezeichneten Gebiete bearbeiten und, von ihr Unterstützung zu fordern, sind die Bedürftigen innerhalb jener Grenzen geradezu berechtigt; sie ist dadurch gezwungen, da jeder Bedürftige ihr gegenüber auf gleiche Behandlung Anspruch macht, überall, wo es not thut, in gleichmäßiger Weise zu helfen. Sie muß bei dem bedeutenden Umfange und den Schwierigkeiten ihrer Aufgaben sich auf Gewährung des unbedingt Notwendigen, eines Obdaches, des unentbehrlichen Lebensunterhaltes und der Pflege in Krankheitsfällen, beschränken. Sie muß dabei vollständig planmäßig vorgehen, sorgfältigst die Grundsätze feststellen, nach denen sie zu wirken hat, dann aber eine gut und sicher arbeitende Einrichtung schaffen, für geschulte Kräfte sorgen und mit den zur Verfügung gestellten Mitteln so haushalten, daß sie damit allen Anforderungen gerecht wird.

Das hat die private Armenpflege nicht nötig. Sie kann sich ihr Arbeitsfeld nach Belieben aussuchen und nach Belieben ausdehnen oder beschränken, ihr nicht zusagende Thätigkeit einfach unterlassen. Die Rücksichten, die die öffentliche Armenverwaltung auf die Gleichmäßigkeit der Unterstützung zu nehmen hat, kennt sie nicht; sie unterstützt, so lange sie die Mittel dazu hat, wo und wie sie will, und hört damit auf, wenn die Mittel zu Ende sind. Sie kann das machen wie sie will, da niemand ihr gegenüber irgend einen Rechtsanspruch hat.

Wenn nun beide Stellen nach denselben Grundsätzen, natürlich mit den in der Sache selbst liegenden Änderungen, arbeiten und sich gegenseitig zu ergänzen suchen, dann kann dies nur zum Segen gereichen. Wenn sie dies nicht thun, dann wird nicht nur wenig Nutzen, sondern es werden oft geradezu schädliche Folgen erzielt werden. Die schädlichen Folgen sind hier eine übermäßig ausgedehnte Armenpflege, unzweckmäßige, übertriebene und mehrfache Unterstützung.

Das Zusammenwirken nach demselben Ziele, mit denselben Mitteln setzt aber voraus, daß sämtliche beteiligten Stellen genau das Verfahren und die Grundsätze der andern kennen, daß sie die Zahl der Bedürftigen, deren Verhältnisse, die ihnen gewährten Unterstützungen wissen, und dies setzt wieder eine gewisse Verbindung und Vereinigung voraus, die sich naturgemäß um die öffentliche Armenpflege herum zu bilden hat, denn diese ist von allen in Betracht kommenden Organen das einzige, welches wirklich feststeht und bleibt, sie muß das Rückgrat bilden. Kommt eine solche Vereinigung zu stande, so ist ihre gute Folge, daß eine vernünftigere, gleichmäßigere, lückenlosere Armenpflege erreicht wird, in der es nicht ein Spiel des Zufalls ist, ob, von wem und wie der Bedürftige unterstützt wird.

Wenn ich davon sprach, daß die Privatwohlthätigkeit die öffentliche Armenpflege stören und schädigen könne, so hatte ich damit nicht die ganze private Wohlthätigkeit im Auge, denn dieselbe kann und wird zum Teile vollständig in dem Sinne und den Grundsätzen der öffentlichen vernünftig und zweckmäßig ausgeübt, überall bleibt aber immer ein Teil derselben, der anders wirkt. Die Privatwohlthätigkeit hat an sich mehr Anziehungskraft für den Bedürftigen, wie die öffentliche. Es ist bequem, sich an eine mildthätige Persönlichkeit um Unterstützung zu wenden, die, je milder und gebefreudiger sie ist, umsoweniger lange prüft, ob in diesem Falle eine Unterstützung auch angebracht ist. Hier fallen alle die indiskreten Fragen und Untersuchungen, wie sie die Behörden zu stellen belieben, fort und wo solche einmal gestellt werden sollten, kann man sie ja leicht so beantworten, wie man es gerade dieser Person gegenüber für praktisch hält. Weitere Nachforschungen hat man meistens nicht zu befürchten. Die Bittsteller haben es größtenteils mit Leuten zu thun, die bei einer einigermaßen lebhaften Schilderung des Notstandes sich sofort in der Phantasie an die Stelle des Bedürftigen zu versetzen pflegen und damit die objektive Beurteilung der Sache verlieren. Die, namentlich für den gewandten Bittsteller, hier viel größere Möglichkeit, fortlaufende Unterstützungen zu erhalten, wie bei der Armenverwaltung, immer aber wenigstens eine Gabe zu erhalten, die schon deshalb oft gewährt wird, weil dies bequemer und einfacher ist, als Nein zu sagen; weiter die gewöhnlich reichlichere und bessere Verpflegung und Unterstützung durch Private, der Umstand, daß die private Hilfe nach keiner Richtung hin unangenehme Folgen nach sich ziehen kann, bringt gar manchen, der noch recht gut gegen die Not ankämpfen und sich aus eigener Kraft helfen könnte dazu, Unterstützung zu fordern. Durch solche verständnislose Art des Gebens wird unzweifelhaft die Zahl der Almosenempfänger vergrößert, sie wird es aber noch mehr dadurch, daß die Privatwohlthätigkeit gern zur Unterstützung geeignet scheinende Personen aufsucht und Bedürftige entdeckt. Es kann in vielen Fällen dies sehr günstig wirken, in vielen wirkt es aber geradezu schädlich. Gegen die Anregung, doch bei der Stadt um Unterstützung einzukommen, wird immer nur ein kleiner Bruchteil der Bedürftigen unempfindlich bleiben, der größte Teil wird gern dem guten Rate folgen und die Zahl der Unterstützten vermehren. Der Entdecker hat die Freude und den Stolz, daß es ihm gelungen ist, seinem Schützling Hilfe zu gewähren oder zu verschaffen. Er übersieht aber dabei meistens, daß, wenn auch für einen Teil seiner Entdeckten die Unterstützung am Platze war, sie für den größten Teil in hohem Grade gefährlich ist.

Es giebt unter den Armen immer welche, die, wenn sie auch die bezogenen Unterstützungen noch länger erhalten könnten und zwar ohne daß sie sich darum Mühe zu geben brauchten, doch deren Weiterempfang ablehnen, weil sie fühlen, daß sie jetzt wieder imstande sind, sich aus eigener Kraft weiter helfen zu können. Diese Fälle ehrenhafter Gesinnung und berechtigten Stolzes gehören indessen nicht zu den regelmäßigen. Im allgemeinen werden die, die einmal Unterstützungen genossen, wieder und wieder um solche nachsuchen. Wenn dies die alten erwerbsunfähigen Leute thun, die einen großen Teil der Almosenempfänger bilden, so ist das erklärlich und nichts dagegen einzuwenden; es geschieht aber auch von denjenigen, die es recht gut anders machen könnten, die sich aber einmal an diese bequeme Art der Lebensführung gewöhnt haben und, wenn sie auch noch so dürftig unterstützt werden, lieber dabei bleiben, als versuchen, sich aus dieser elenden Existenz wieder hervorzuarbeiten und sich in eine bessere, würdigere Lage zu bringen. Je länger jemand verpflegt wird, umsomehr wächst dieser Hang und setzt sich diese Gewohnheit fest, die nicht nur die Erwachsenen zu allem besseren unbrauchbar macht, sondern was noch viel schlimmer ist, auch die Kinder schon von der frühsten Jugend an mit diesen Anschauungen vertraut macht. In gleichem Maße wächst dabei aber auch die Fähigkeit, Unterstützungen zu erbitten, sich dabei den Gesinnungen des Gebenden anzupassen und ihm gegenüber alles spielen zu lassen, was auf ihn Eindruck macht, möge das nun eine recht erschütternde Schilderung der Not, Betonung religiöser und politischer Anschauungen oder was sonst sein. Alles dies kommt weit mehr in der Privatwohlthätigkeit wie in der öffentlichen Armenpflege vor, weil es eben dort mehr Aussicht auf Erfolg hat.

Dadurch wird eine sehr ungesunde und schädliche Ausdehnung der Armenpflege groß gezogen, die einmal gerade das Gegenteil von dem erzielt, was man in der Armenpflege zu erreichen sucht, und direkt wie indirekt auch die öffentliche Armenpflege schädlich beeinflußt. Und diese ist an sich schon überlastet genug, um nicht noch neuer künstlicher Lasten zu bedürfen.

Ein weiterer, in der Privatarmenpflege vielfach zu Tag tretender Mißstand ist die dilettantenhafte Art der Unterstützung und dann die doppelte und mehrfache Unterstützung. In erster Beziehung sind die Gaben häufig übertrieben, ohne daß dies dem Geber, der vielmehr seinen eigenen Maßstab und seine eigenen Verhältnisse dabei im Auge hat, als die des Unterstützten, zum Bewußtsein kommt. Es giebt genug Angehörige der vermögenden Stände, die auf diesem Gebiete thätg sind, die sich gar nicht in die Anschauungen der anderen Stände zu finden und sich ihnen anzupassen vermögen. Diese geben sehr häufig zu viel und ungeeignete Dinge. Solche Unterstützungen haben den großen Nachteil, daß bisher unbekannte Bedürfnisse und Begehrlichkeit in dem Unterstützten geweckt werden; wer aber durch Unterstützungen ungleich besser leben kann, wie er es jemals bei voller Arbeitsfähigkeit durch seinen eigenen Erwerb erreichen kann, der wird natürlich gern in jener Lage bleiben und bemüht sein, sich so oft, wie möglich, in dieselbe zu versetzen. Jedenfalls wird er aber später immer mit seinem Lose unzufrieden sein. Der Unterstützende denkt hierbei mehr an sich, wie an den Bedürftigen; es macht ihm selbst Vergnügen, diesem eine Freude zu bereiten, er ist stolz darauf, wie er dessen Wohnung so hübsch jetzt hergerichtet hat, wie sich so manches Unbrauchbare aus seinem Hause nett in der Wohnung des Armen ausnimmt, aber er macht sich nicht klar, daß er damit mehr schadet wie nützt, daß er eine Kraft ist, die das Gute will, das Böse schafft. Jede übertriebene Wohlthätigkeit schadet.

Das Gleiche ist der Fall bei doppelter und mehrfacher Unterstützung. Eine solche kann in der geordneten öffentlichen Armenpflege nicht vorkommen, wohl aber in der privaten und durch die private. Denn in dieser ist eine Reihe von Persönlichkeiten gleichzeitig auf demselben Arbeitsfelde thätig, die gar nichts von einander wissen, ohne engeren Zusammenhang und Fühlung sind und unter einander in gar keiner oder in einer ungenügenden, nur zufälligen Verbindung stehen. Diese mehrfachen Unterstützungen wirken aber so schlimm, wie übertriebene Einzelunterstützungen und sprechen den guten Absichten der Geber um so mehr Hohn, als es gerade den raffiniertesten und unwürdigsten Bittstellern am meisten gelingen wird, sie zu erzielen.

Alle diese Schädlichkeiten der privaten Armenpflege beruhen meist darauf, daß man nicht den richtigen Begriff davon hat, daß ein so großes und wichtiges Arbeitsgebiet mit Erfolg nur bestellt werden kann, wenn vollständig planmäßig vorgegangen wird und eine wohlorganisierte Einrichtung und Verteilung der Arbeiten stattfindet. Man unterscheidet nicht die Grenze, die zwischen öffentlicher und privater Wohlthätigkeit gezogen ist und besorgt vielfach unnötig die Geschäfte der ersteren. Man verkennt zu häufig, wie außerordentlich schwer die Armenpflege ist, daß sie gelernt werden muß, wie viel Unterscheidungsvermögen, Scharfblick, Umsicht und Erfahrung zu einer zweckmäßigen Ausübung unbedingt notwendig ist und übersieht zu oft, daß ein gutes Herz und ein opferfreudiges Gemüt allein noch lange nicht ausreicht, um wirklich Gutes zu stiften, daß unverständiges Geben nicht nur Arbeitsscheu und Unredlichkeit fördert, sondern auch Mittel, die an anderer Stelle segensreich gewirkt hätten und bringend notwendig waren, nutzlos und schadenbringend vergeudet. Es liegt in diesem wilden Unterstützungswesen eine große Gefahr und sie wird um so größer, je mehr Wohlthätigkeitsstellen vorhanden sind, die sich wo möglich noch durch Ausdehnung ihrer Thätigkeit und Umfang ihrer Arbeiten zu überbieten suchen.

Diese schädlichen Wirkungen könnten auf das radikalste beseitigt werden, wenn man die Unterstützung Bedürftiger lediglich durch die Organe der öffentlichen Armenpflege bewirken ließe, die private Wohlthätigkeit vollständig verböte und jede derartige Unterstützung etwa gerade so unter Strafe stellte, wie jetzt das Fordern von Gaben. Daran ist natürlich nicht zu denken; die Privatwohlthätigkeit hat ihre volle Existenzberechtigung und ihre besonderen Aufgaben, die sie allein lösen kann. Die öffentliche Armenpflege vermag es nicht, das ganze Unterstützungswesen allein zu bewältigen, und kann die Ergänzung durch die private Wohlthätigkeit nicht entbehren. Außerdem aber wird wohl niemand die in den Handlungen einer verständigen Wohlthätigkeit liegende edele Bethätigung guter Eigenschaften der Seele und des Gemütes beeinträchtigen und dieses unschätzbare Band zwischen den Angehörigen der verschiedensten Stände, diese Möglichkeit, den Menschen dem Menschen zu nähern, zerreißen wollen. Es handelt sich also darum, die Grenzen festzustellen, innerhalb deren das private Wohlthätigkeitswirken notwendig und nützlich ist, und dieses innerhalb derselben nicht nur beizubehalten, sondern auch nach Kräften zu fördern und in Verbindung mit der öffentlichen Armenpflege zu bringen, alle schädlichen Auswüchse aber fortzuschaffen. Es ist umso notwendiger, diese Grenzlinien festzustellen, weil die Ausdehnung, welche die Privatarmenpflege, so verschieden sie auch an den einzelnen Orten je nach den Charaktereigenschaften der Bevölkerung sein mag, überall gewonnen hat, sie zu einem sehr erheblichen Faktor neben der öffentlichen gemacht hat, und Reibungen bei einer gleichzeitigen Bearbeitung desselben Gebietes durch zwei Kräfte nicht zu vermeiden sind.

Die Privatwohlthätigkeit hat ihre Berechtigung einmal denjenigen Personen gegenüber, die sich noch nicht oder nicht recht zur Unterstützung durch die Behörden eignen, dann in den Fällen, die sie entweder allein oder wenigstens besser wie die öffentliche Armenpflege bearbeiten kann, endlich in der Ergänzung und Vertiefung dieser.

Was den ersten Punkt betrifft, so giebt es eine lange Reihe von Fällen, in denen die Unterstützung und Hilfe durch die Armenbehörden noch nicht eintreten kann, weil derjenige Grad von Not, der das Einschreiten der Armenbehörden herbeiführen muß, noch nicht vorliegt, wo es aber ganz unzweifelhaft ist, daß er in absehbarer Zeit eintreten wird. Es handelt sich hier um Existenzen, die erst im Versinken begriffen sind, um Kranke, die geheilt werden können, wenn man ihnen die Bedingungen des Gesundens schafft, um Kinder, die durch bessere Pflege und Erziehung zu tüchtigen Menschen gemacht und vor der Verkommenheit bewahrt werden können u. s. w. Da ist es Sache der privaten Armenpflege, durch eine rechtzeitige und zweckmäßige Hilfe, das Eintreten des völligen Notstandes von dem Bedürftigen abzuwenden. Ein solches Verfahren ist höchst verdienstlich. Der Arme, den man nicht erst vollständig sinken läßt, ist leichter wieder zu heben. Die öffentliche Armenpflege wird dadurch erheblich erleichtert und viele sichere Opfer werden ihr gespart.

Weiter giebt es Fälle, wo in ganz berechtigter Weise die politischen und socialen Folgen, die die Annahme von öffentlichen Armenunterstützungen für den Empfänger hat, diesen hindern, die Hilfe der Behörden in Anspruch zu nehmen. Ebenso giebt es Fälle, wo das größere Vertrauen, welches von den Notleidenden Privatpersonen entgegengebracht wird, der offenere und freiere Verkehr mit diesen, die Privatwohlthätigkeit mehr am Platze und wirkungsvoller erscheinen läßt, wie die öffentliche. Der Umstand, daß unsere Behörden immer Behörden bleiben und, wenn sie auch noch so höflich mit dem Publikum verkehren, immer etwas Steifes und weniger Zugängliches behalten und mit ihrer kühlen Sachlichkeit leicht zurückscheuchen, läßt noch zartfühlende Bedürftige sich lieber an Privatleute wenden, von denen sie wissen, daß sie, was sie thun, lediglich aus gutem Herzen thun. Sie bitten hier lieber, als daß sie dort, wo sie berechtigt sind, Unterstützung zu fordern und sich nicht einmal zu bedanken brauchen, ihr Recht verlangen. Dann ist es auch kein unberechtigtes Ehrgefühl, wenn unverschuldet in Not geratene für eine vorübergehende Hilfeleistung nicht zu den öffentlichen Almosenempfängern gerechnet werden wollen. Hierher gehören auch die sogen. verschämten Armen. In allen diesen Fällen kann die Privatwohlthätigkeit, die natürlich auch nicht auf jede Empfindlichkeit Rücksicht nehmen kann und darf, sehr viel nützen, sie hält den Bedürftigen, den ein öffentliches Almosen vollständig vor sich selbst erniedrigen würde, noch auf einer höheren Stufe, und ihre Einwirkung, namentlich auch ihre Thätigkeit, die Verhältnisse gründlich und dauernd zu verbessern, wird eine erfolgreichere sein, wie sie von der öffentlichen Armenpflege hätte erreicht werden können. Sie findet eben die Herzen offener. Wenn erst überall in der öffentlichen Armenverwaltung die Frauen zugezogen sind und ihnen die nötige Stellung und Arbeit überwiesen ist, dann wird sie auch in vielen Fällen, wo bisher die Privatpflege allein am Platze war, mit gutem Erfolge arbeiten können, aber ganz kann sie niemals jene ersetzen.

Endlich sind die Fälle Sache der Privatwohlthätigkeit, wo zwar die Verhältnisse äußerst kümmerlich sind, die eigentliche Not aber noch nicht eingetreten ist, wahrscheinlich auch nicht eintreten wird und mit Bestimmtheit zu erwarten ist, daß bald wieder bessere Umstände eintreten, eine Förderung und Beihilfe aber die ganze Familie in eine geordnete und gedeihliche Lage zu bringen vermag.

In zweiter Linie habe ich nun die freiwillige Hilfsthätigkeit für berechtigt und notwendig erklärt, soweit sie zur Ergänzung und Vertiefung der öffentlichen Armenpflege dient. Es giebt Gebiete, auf denen die öffentliche Armenpflege wenig oder gar nichts leistet. Hierher gehört, wie wir schon oben hervorgehoben haben, die Pflege der kranken Armen, die nicht in den öffentlichen Krankenhäusern untergebracht werden können, die in ihren dürftigen Wohnungen liegen und auf fremde Hilfe angewiesen sind. Diese ruht fast ausschließlich in den Händen der Privatwohlthätigkeit. Hier kann und wird wohl mit der Zeit eine Änderung dahin eintreten, daß die Armenverwaltung auch dafür Fürsorge trifft. So lange dies aber noch nicht geschehen und die jetzigen Verhältnisse noch fortbestehen, kann man der Privatwohlthätigkeit nur dankbar sein, wenn sie diese schwierige Aufgabe bearbeitet.

Aber abgesehen von solchen besonderen, begrenzten Gebieten der Armenpflegethätigkeit kann eine verständige Privatarmenpflege mit sehr großem Erfolge und Nutzen die öffentliche durch eine etwas eingehendere Fürsorge für die Armen ergänzen. Die Armenverwaltung gewährt und kann nur gewähren das Notwendigste, das gesetzlich Gebotene. In sehr vielen Fällen wird aber eine etwas weitergehende, die individuellen Bedürfnisse mehr berücksichtigende Unterstützung, eine etwas längere Pflege, eine größere persönliche Fürsorge in hohem Grade von Wert sein. Der Privatwohlthätigkeit stehen nun sehr bedeutende Mittel zur Verfügung, Mittel, die ihr allein gegeben werden und die man weder der amtlichen Armenpflege gewähren würde noch auch weiter der privaten bewilligen würde, wenn dieselbe sie nicht zu einer solchen Ergänzung, sondern etwa zur Entlastung der öffentlichen Armenfürsorge verwenden wollte. Diese Mittel setzen die Privatpflegerinnen zu einer solchen Thätigkeit völlig in Stand.

Endlich liegt ein großer Teil der sogen. vorbeugenden Armenpflege in diesem Gebiete des ergänzenden Wirkens der Privatwohlthätigkeit; namentlich alle die vielen Veranstaltungen, das Los der ärmeren Stände zu verbessern, die Erwerbs=fähigkeit und =möglichkeit zu erhöhen, die Wohnverhältnisse günstiger zu gestalten, auf ihre körperliche und geistige Gesundung und Ausbildung einzuwirken, ihre sittlichen Anschauungen zu erhöhen u. s. w.

Überall wo solche neue Aufgaben auftauchen, müssen sie zunächst von der Privatwohlthätigkeit bearbeitet und erprobt werden, ob sie erreichbar sind. Die behördliche Armenpflege kann das nicht.

Nach allen diesen Seiten ist die Privatwohlthätigkeit voll berechtigt und nicht zu entbehren. Sie muß sich also, wenn sie richtig verstanden und geleitet wird, nicht als ein Konkurrenzunternehmen entwickeln, welches möglichst viel an sich reißen und möglichst große Gebiete beherrschen will, sondern als eine Einrichtung, die sich an die feste, bereits bestehende Organisation anschließt und in Anlehnung an diese weiter arbeitet. Sie behält sich die Gebiete vor, welche von jener nicht bearbeitet werden können. Dieses Verhältnis setzt aber eine genaue Kenntnis des Vorgehens und des Verfahrens des anderen Teils voraus. Jeder Teil muß wissen, wo und wie der andere Teil pflegt, damit die Lücken in dem Unterstützungswesen ausgefüllt und mehrfache Unterstützungen derselben Personen vermieden werden können. Dann müssen aber auch die Grundsätze, nach denen die Armenpflege ausgeübt wird, gleich sein. Ist das nicht der Fall, dann bleibt das Verhältnis ein bloß äußerliches und ist ein wirkungsvolles Zusammenarbeiten nicht möglich.

Um dieses Verhältnis zwischen den beiden Faktoren der Armenpflege herzustellen, müssen dieselben nun in eine hinreichend enge und dauernde Verbindung gebracht werden. Diese Verbindung aber muß durch das Heranziehen der Privatarmenpflege, also wieder namentlich der Frauen, zu der öffentlichen Armenpflege bewirkt werden. Da, wo die Frauen bereits in der letzteren mithelfen und sie von den Frauenvereinen gestellt sind, ist die Verbindung der Wohlthätigkeitsausübung dieser Vereine mit der Armenverwaltung bereits vorhanden, denn die Armenpflegerinnen tragen die von der öffentlichen Armenpflege befolgten Anschauungen und Grundsätze in ihre Vereine und sorgen dafür, daß deren Wohlthätigkeitsarbeiten sich genau an jene anschließen. Ferner haben die Frauenvereine vom Roten Kreuze die Verbindung mit der öffentlichen Armenpflege fast überall schon längst herbeigeführt und da, wo vielleicht äußere Verhältnisse dies bisher verhinderten, ihrerseits wenigstens kein Hindernis dieser Vereinigung entgegengesetzt. Denn schon im Jahre 1880 haben die versammelten Delegierten der Zweigvereine des Vaterländischen Frauenvereines und der verbündeten Landesvereine unter dem Roten Kreuze es für geboten erklärt, daß die Vereine der auf dem Boden der Reichs- und Landesgesetzgebung geübten staatlichen und kommunalen Armenpflege ihre Dienste zur Verfügung stellen, und es sämtlichen Vereinen empfohlen, mit den Organen der öffentlichen Armenpflege eine dauernde und geordnete Verbindung herzustellen und entsprechend den besonderen Verhältnissen der betreffenden Verwaltungs- oder Gemeindebezirke durch geeignete Vereinbarung die gegenseitigen Rechte und Pflichten zu regeln. Es war damals vorgeschlagen, diese dauernde Verbindung so zu gestalten, daß der Frauenverein sich helfend und ergänzend in den Dienst der öffentlichen Armenpflege stellen und seine Organisation genau der der städtischen Armenverwaltung anschließen solle, weiter, daß die innerhalb einer Gemeinde oder eines Bezirkes bestehenden Wohlthätigkeitsvereine zusammentreten und aus sich und den Delegierten der Armenbehörde ein Gesamtkomitee bilden sollen zur Teilung der Arbeit je nach den verschiedenen Zweigen der Fürsorge und zur Erhaltung des Verkehrs unter einander und mit der amtlichen Armenpflege, um die Kräfte wirksam zusammenzufassen und zu verhüten, daß nicht Unwürdige bedacht und solche, die Unterstützung verdienen, hilflos gelassen werden. Dann wurde weiter die Übernahme eines oder mehrerer bestimmter Zweige der öffentlichen Armenpflege durch die Frauenvereine und die Zurverfügungstellung der von den Vereinen errichteten und unter ihrer Leitung bleibenden Anstalten für die amtliche Armenpflege zur Mitbenutzung unter im voraus bestimmten Bedingungen empfohlen. Gleichzeitig wurde von dem Vaterländischen Frauenverein besonders betont, daß die Zweigvereine ihre Verbindung auch mit verwandten Wohlthätigkeitsanstalten und Vereinen herzustellen hätten.

Die Frauenvereine vom Roten Kreuz haben dies Programm durchgeführt und, ohne sich eine Schablone aufzustellen, in der ihnen gelassenen Möglichkeit freier Bewegung die Verbindung mit der öffentlichen und der freiwilligen Armenpflege gesucht. Die verschiedenen Formen, innerhalb deren dies geschehen, sind von den örtlichen Verhältnissen und Bedürfnissen bedingt worden und brauchen hier nicht dargelegt zu werden. Namentlich in den kleineren Orten hat sich der Anschluß sehr rasch vollzogen, aber auch in den größeren ist er größtenteils erfolgt, und wo er aus besonderen Gründen noch nicht erfolgt sein sollte, kann er leicht jeder Zeit hergestellt werden.

Die übrigen Vereine und Veranstaltungen haben sich aber nur zum Teile diesem Anschlusse geneigt erklärt und auch vielfach da, wo sie denselben nicht geradezu ablehnten, doch in der Praxis nicht willfährig gezeigt. Mag die Furcht vor dem Verlust der eigenen Selbständigkeit dazu bestimmt haben, oder das Gefühl, richtiger zu handeln, wie die Behörden, oder was sonst, jedenfalls ist der Anschluß der Privatwohlthätigkeit und damit der in ihr beschäftigten Frauen an die öffentliche Armenpflege nur zum Teile erledigt.

In welcher Weise kann nun dieser Anschluß bewirkt werden? Man könnte das Ideal darin suchen, daß von einer Stelle aus die ganze Wohlthätigkeitsausübung beherrscht und geleitet würde. Einen solchen Zustand halte ich nicht für wünschenswert, obwohl dadurch eine wesentliche Ersparung an Arbeitskräften und Mitteln eintreten würde. Es würde damit die frische warme Initiative wegfallen, die nicht nur direkt in der Privatwohlthätigkeit wirkt, sondern durch sie auch mittelbar in der öffentlichen Armenpflege. Die Gefahr würde entstehen, daß die gesamte Armenpflege eine schablonenmäßige, kühle und dürftige werde und ihr der wohlthuende Charakter der aus eigener freier Entschließung thätigen Menschenliebe genommen würde. Diese Eigenschaften wollen wir aber sorgfältig bewahren und ist deshalb vor allem jede Maßregel zu vermeiden, durch welche die Privatwohlthätigkeit gestört wird, wie man ja überhaupt jedes Arbeiten auf dem Gebiete der Gemeinnützigkeit und Wohlthätigkeit grundsätzlich unbelästigt sich entwickeln lassen und nur etwaige schädliche Thätigkeit beseitigen soll.

Das Wirken der Frauen in der privaten Armenpflege hat je nach dem persönlichen Interesse und der Neigung der einzelnen Pflegerinnen die verschiebenartigste Gestaltung und dabei einen großen Umfang angenommen, ohne jede offizielle Unterstützung, lediglich durch die Thätigkeit einzelner energischer, für ihre Aufgabe begeisterten Persönlichkeiten. Persönlichkeiten aber, die ein umfangreiches Wirken entfalten, sind auch gewöhnlich selbständige Charaktere, die sich nicht ganz leicht zu einer Beschränkung ihrer Selbständigkeit und zur Anpassung an andere Anschauungen bequemen. Man muß also vorsichtig sein, die Selbständigkeit der einzelnen in der Privatarmenpflege wirkenden Faktoren möglichst unangetastet lassen und keine sehr erheblichen Opfer fordern; nur soviel wie nötig ist, um der gesamten Armenpflege, ich will nicht sagen einen einheitlichen Charakter zu geben, aber um in ihr wenigstens keine sich widersprechenden Tendenzen walten zu lassen. Nur das Schädigende und Dilettantenhafte soll ausgeschieden werden. Dies durch eine Art Überwachung oder Kontrolle der privaten Wohlthätigkeit zu erreichen, ist nicht möglich. Eine solche Überwachung, die gar nicht der Natur des gegenseitigen Verhältnisses entspräche, würde von den betreffenden Hilfskräften schwerlich ertragen werden, außerdem aber praktisch, gar nicht durchzuführen sein. Wer sollte denn die Kontrolle ausüben? Welche Mittel wären vorhanden, etwaige Verbesserungen und Änderungen durchzusetzen?

Es bleibt also nur die Herstellung einer Verbindung zwischen der öffentlichen und privaten Armenpflege übrig, die die Grundsätze der ersteren, so weit dies möglich, auch in den letzteren zur Geltung bringt, die Grenzlinien beider bestimmt und das einrichtet, was zur gegenseitigen Arbeitserleichterung nötig. Daß diese Verbindung aber geschaffen wird, darin liegt ein erhebliches allgemeines Interesse und ein ganz besonderes der Armenverwaltungen vor, die sich einerseits dadurch vor einer schädlichen Ausdehnung der Armenpflege sichern, andererseits die ihr so nötige Ergänzung regeln.

Man hat diese Verbindung herzustellen gesucht dadurch, daß man gemeinsame Sitzungen der Organe der öffentlichen und der privaten Armenpflege zur gegenseitigen Belehrung und Besprechung interessanter Fragen veranstaltete. Dadurch, daß man eine Vertretung der Armenverwaltung in den Vorständen der einzelnen Wohlthätigkeitsvereine und umgekehrt eine solche der Vereine in der Armendirektion einrichtete. Weiter dadurch, daß man Auskunftsstellen zur beiderseitigen Benutzung gründete. Endlich dadurch, daß man Centralstellen zur Regelung der gemeinsamen Arbeit organisierte.

Die zuerst genannten Sitzungen von Vertretern beider Teile sind in verschiedenen Armenordnungen vorgesehen, ob sie aber viel einberufen werden, ist nicht recht ersichtlich. Es scheint aber sehr nützlich, so oft, wie es für nötig erachtet wird, jedenfalls aber mindestens einmal jährlich die Vorstände aller Vereinigungen, Körperschaften, Anstalten, Stiftungen, die sich der Fürsorge für Bedürftige und Arme widmen, sowie einzelne auf diesem Gebiete besonders thätige Personen zu einer gemeinsamen Besprechung mit den Organen der öffentlichen Armenpflege, namentlich auch den Armenpflegern und Armenpflegerinnen zu vereinigen. Die mehrfach aufgestellte Beschränkung der Teilnahme auf die männlichen Mitglieder der betreffenden Vorstände hat keine Begründung und muß gestrichen werden. Es handelt sich hier darum, gerade diejenigen zu belehren, die in der Armenpflege arbeiten und so müssen naturgemäß die Frauen, die sich vorzugsweise dieser Thätigkeit widmen, auch vorzugsweise hier vertreten sein. Ob man es der Armendirektion überläßt, solche Sitzungen nach Bedürfnis zu berufen, oder ob man einen Verein der beteiligten Stellen zu diesem Zwecke gründet, ob man solche Sitzungen öffentlich abhält, damit auch anderen interessierten Personen Gelegenheit gegeben wird, sich zu belehren, oder nicht öffentlich, ist nicht sehr wesentlich und richtet sich nach den örtlichen Verhältnissen. Jedenfalls aber müssen diese Besprechungen, wenn sie Erfolg und Bestand haben sollen, einen frischen Zug in sich tragen, sich eben so fern halten von trockenem lehrhaften Tone, wie von dem Sichverlieren in unbedeutenden Details. Sie müssen immer auf interessante Stoffe behandelnde Vorträge angeregte und fördernde Diskussionen folgen lassen. An dem nötigen Stoffe wird es ja für lange Zeit hinaus nicht fehlen.

In größeren Städten können neben allgemeinen Sitzungen auch solche, entweder für einzelne Stadtbezirke oder für einzelne Zweige der Wohlthätigkeitsausübung abgehalten werden, da eine zu große Zahl der Teilnehmer eine nutzbringende Besprechung des Stoffes, wie die sehr wirkungsvolle persöhnliche Berührung und Besprechung der Interessenten erschwert oder unmöglich macht. In diesen Städten kann dann auch das Resultat solcher Versammlungen in einer entweder nach Bedürfnis oder periodisch erscheinenden Zeitschrift festgelegt werden, die den Beteiligten unentgeltlich zuzustellen ist. Dadurch wird der Einfluß der Sitzungen wesentlich verstärkt. Es ist in manchen Städten bereits in dieser Weise vorgegangen worden. Die Nachfolge ist nicht schwierig. Man wird leicht entsprechenden Stoff finden, um ein Blatt zu füllen. Man kann dazu auch bereits vorhandene Blätter, wie z. B. den „Helfer" benutzen. Auch die Verteilung von Anweisungen wie die für die Hamburger Armenpfleger von Dr. Münsterberg und wie sie in Frankfurt a. M., Breslau u. s. w. erfolgt ist, wird eine gute Wirkung nicht verfehlen.

Ein solches Zusammenbringen der einzelnen Elemente der Armenpflege wird, wenn die Verhältnisse einigermaßen günstig liegen, nicht ohne erheblichen Einfluß bleiben. Ein Teil der Interessenten wird jedenfalls gern die Belehrung annehmen und in die Praxis übertragen, manches lassen, wodurch bisher unbewußt geschadet worden ist. Ein Teil wird alles besser wissen wollen, sich den Anschauungen und Gewohnheiten anderer nicht unterordnen oder grundsätzlich jedes Zusammenarbeiten ablehnen. Das ist dann nicht zu ändern. Keinesfalls schadet diesen Leuten gegenüber das geschilderte Vorgehen. Wird durch es aber auch nur eine Anzahl der Arbeiter auf dem Wohlthätigkeitsgebiet gewonnen, dann ist das schon ein erheblicher Fortschritt. Erleichtert wird diese Verbindung und ihre Wirkung erhöht in den Gemeinden, in denen die Frauen selbst schon zur öffentlichen Armenpflege zugezogen sind und ein willkommenes Bindeglied zwischen öffentlicher und privater Wohlthätigkeit bilden.

Die Versuche, die Verbindung zwischen den beiden Faktoren dadurch herzustellen, daß man eine Vertretung der Armenverwaltung in den Vorständen der betreffenden Vereine erreicht, oder eine Vertretung der letzteren in den Organen der Armenverwaltung, werden an den meisten Orten wohl ohne wesentlichen Erfolg bleiben. Es kann ja wohl dies Verfahren an manchen Orten von Nutzen sein, die Gefahr liegt aber näher, daß es eine Quelle von Unzuträglichkeiten wird. Das Mitglied in dem Vereinsvorstande, welches man von der Armendirektion dort hinschickt, hat jedenfalls einen sehr schweren Stand, da seine Beeinflussung der Vereinsthätigkeit ebensowenig eine zu starke, wie eine zu schwache sein darf. Ich kann das Gefühl nicht unterdrücken, daß ein solches Verhältnis in der Regel bald zur reinen Formsache werden wird. Was andrerseits die Vertretung der einzelnen Wohlthätigkeitsvereine durch Delegierte bei den Sitzungen der Armenbehörden betrifft, so kann diese wohl nur bei besonders günstig liegenden Verhältnissen eingerichtet werden. Sie setzt eine große Centralisation des Vereinswesens voraus und kann unmöglich da geschehen, wo eine ganze Reihe kleinerer gleichberechtigter Vereine besteht. Aber auch in jenem Falle wird die Verbindung, da die Delegierten doch nicht über die eigentlichen Geschäfte der öffentlichen Armenpflege und die Vertreter dieser nicht über die der Vereine beschließen und beraten können, diese Sitzungen wohl auch kaum zur gegenseitigen Belehrung geeignet sind, schließlich doch nur den praktischen Erfolg haben, daß sie die Stelle eines Auskunftsbureaus vertritt und den Teilnehmern Gelegenheit zur Frage und Auskunftserteilung giebt. Das ist dann allerdings auch schon ein großer Vorteil, der aber jedenfalls auch ohne diesen größeren Apparat erreicht werden kann. Wenn in Baden von dieser Einrichtung mit großem Vorteil Gebrauch gemacht wird, so beruht das eben auf dem unerreichten Vereinsleben und Schaffen in diesem Lande. In anderen Ländern ist zu befürchten, daß solche Organisationen bald einschlafen.

Wir haben eben den Vorteil einer Auskunftsstelle erwähnt. Eine solche kann überall wesentlich dazu beitragen, die in der Privatwohlthätigkeit Beschäftigten mit der öffentlichen Armenpflege in Verbindung zu setzen. Sobald die Armenbehörden eine Auskunftsstelle errichten, so wird dieselbe unzweifelhaft von den Vereinen u. s. w. benutzt werden, denn dieselbe erleichtert ihre Thätigkeit, und dadurch schon wird eine gewisse Vergeudung von Arbeitskraft und Geldmitteln vermieden. Dann giebt aber die Benutzung der Auskunftsstelle erwünschte Gelegenheit, manchen guten Wink zu geben und eine schädliche Unterstützung zu verhüten. Ein solches Auskunftsbureau oder Auskunftsbuch kann von jeder Gemeinde leicht ohne große Arbeit und Kosten hergestellt werden. Ganz seinen Zwecken entsprechen wird dasselbe aber erst dann, wenn die Privatwohlthätigkeit es nicht nur benutzt, um Auskunft sich zu holen, sondern auch ihrerseits mitteilt, wen und wie sie gepflegt hat. Dadurch allein kann die schädliche mehrfache Unterstützung vermieden werden. Das ist aber nicht leicht zu erreichen, denn viele Stellen der Privatwohlthätigkeit machen zwar mit Vergnügen Gebrauch von dieser Einrichtung, es fällt ihnen aber gar nicht ein, auch ihrerseits das nötige Material zu liefern. Viele wollen eben nicht ihre Thätigkeit klar legen, selbst nicht an einer solchen Stelle, wo sie vor jeder Indiskretion sicher sind. Die vorgebrachten Gründe, unter denen namentlich der Zeitmangel eine große Rolle spielt, sind wohl meistens nicht die wirklichen Beweggründe.

Die oben erwähnten Belehrungen mögen mit der Zeit hier auch günstig wirken und es den erwähnten Wohlthätigkeitsstellen klar machen, daß bei solchem Verfahren die allgemeinen Sympathien nicht auf ihrer Seite sein werden, wenn sie ablehnen, einen Einblick in ihre Thätigkeit zu gewähren, gerade, als hätten sie etwas zu verbergen. Sie können doch mit solchen Mitteilungen, da die Auskunftsstelle naturgemäß nur den Berechtigten Auskünfte erteilt, niemandem schaden, aber recht viel nützen.

Schließlich bleibt noch die Gründung einer Centralstelle aller beteiligten Privatwohlthätigkeitsstellen und der städtischen Armenverwaltung zu besprechen übrig, die, bei Wahrung vollständiger Selbständigkeit der einzelnen Vereine, sich die Erreichung derselben Zwecke, wie die vorstehend geschilderten Einrichtungen, zum Ziele setzt. Das weitreichendste Programm einer solchen Centralstelle, das der Armenverwaltung in Posen, bestimmt den Zweck der Centralstelle folgendermaßen:

1. Den gewerbsmäßigen Bettel zu bekämpfen.
2. Bessere Fürsorge für wirklich Bedürftige und Ausschluß unwürdiger, nicht bedürftiger Personen.
3. Verhütung der Überhäufung einzelner Personen oder Familien mit Gaben von verschiedenen Seiten.
4. Verhütung, daß durch Privatunterstützung hilfsbedürftige Personen in Posen den Unterstützungswohnsitz erwerben und dann der Stadtgemeinde zur Last fallen.
5. Einheitlicheres Vorgehen zur Beschaffung von Abhilfen in Fällen außerordentlicher Notlagen und zu besonderen armenpflegerischen oder Wohlthätigkeitszwecken.

Die Stellen, die in dieser Organisation die Verbindung zwischen der öffentlichen und der privaten Wohlthätigkeit herstellen, sind die Generalversammlungen, denen neben dem Oberbürgermeister und den Mitgliedern der städtischen Armen- und Waisendeputation je ein Vertreter oder Vertreterin der dem Verbande angehörigen Vereine angehört, und weiter eine Auskunftsstelle, bei welcher jede bewilligte Unterstützung angemeldet wird.

Es bleibt also immer, mag man diese oder jene Form wählen, hauptsächlich die Verbindung beschränkt auf die Auskunftsstelle und die Belehrung, die die persönliche Berührung und der Gedankenaustausch in gemeinsamen Sitzungen hervorbringt. In welcher Form man diese beiden Ziele zu erreichen sucht, ist weniger wesentlich. Je weniger streng dieselbe ist, um so leichter sind Ablehnungen zu vermeiden und Anschlüsse zu erreichen. Ich lege hier um so weniger Gewicht auf die Form, weil auch die beste Organisation hier nichts erreichen wird und lediglich auf dem Papiere stehen bleibt, wenn man nicht der Verbindung den nötigen materiellen Inhalt giebt und ihr einen frischen, schaffensfreudigen, echt humanitären Geist einzuflößen versteht. Und das schaffen nicht Formen und Einrichtungen, das beruht immer auf der Thätigkeit einzelner für die Aufgabe warm interessierter und begeisterter Personen. Die richtigen Leute werden das Ziel erreichen in dieser oder jener Form.

Gerade bei dieser Aufgabe wird das Widerstreben gegen ein gemeinsames Wirken schon deshalb nur durch bestimmte, besonders dafür geeignete Persönlichkeiten beseitigt werden können, weil es dafür keine Zwangsmittel giebt und man ganz darauf angewiesen ist, zu warten, bis die Beteiligten mit dem Gedanken einer engeren Verbindung sich vertrauter gemacht haben und das gute Princip, welches diesen ganzen Bestrebungen unzweifelhaft zu Grunde liegt, sich Geltung und Anerkennung verschafft hat.

Ein Mittel giebt es aber immerhin, um hier einzuwirken. Es werden oft die Gemeinden von den Vereinen, die ein gemeinnütziges oder wohlthätiges Wirken entfalten, um Unterstützungen gebeten. Solche Beihilfen und Förderungen werden von den Gemeindebehörden gern gewährt und ist dagegen gewiß nichts einzuwenden. Ebenso werden die Gemeinden von Personen, die in der Privatwohlthätigkeit eine größere Thätigkeit entwickeln, gebeten, ihren Wirkungskreis durch Geldbeiträge erhalten und erweitern zu helfen. Dabei wird und nicht mit Unrecht betont, daß durch die Bittsteller und ihre Thätigkeit die öffentliche Armenpflege in mancher Beziehung entlastet und erleichtert wird. Bei solchen Gesuchen können die entscheidenden Organe nun feststellen, ob die Antragsteller die von der Armenverwaltung getroffenen Einrichtungen benutzen, ob sie die gemeinsamen Sitzungen beschicken und ob sie die nötigen Mitteilungen über ihre Arbeiten an die Auskunftsstelle machen. Da, wo dies nicht geschieht, möge man die künftige Benutzung dieser Gelegenheit als Bedingung der Unterstützung aufstellen und grundsätzlich jede Beihilfe ablehnen, wenn diese so leicht und ohne jemandes Schaden zu erfüllende Bedingung nicht erfüllt wird.

Neben diesen allerdings wenigen allgemeinen Maßregeln, die die notwendige Verbindung der öffentlichen und privaten Wohlthätigkeit herstellen können, möge auch nicht versäumt werden, einzelne besonders dazu geeignete Vereine in noch engere Verbindung mit der Armenverwaltung zu bringen, und dahin gehören vor allen die Frauenvereine, die sich speciell mit der Krankenpflege der Armen beschäftigen, die als solche besonders die öffentliche Armenpflege zu ergänzen geeignet und gerade die wesentlichsten Lücken derselben auszufüllen bestimmt sind. Diese möge man in jeder Weise fördern und sie dahin bringen, daß sie ihre Thätigkeit ganz der öffentlichen anschließen und womöglich nur oder doch hauptsächlich diejenigen Pflegen übernehmen, die ihnen von der Armendirektion überwiesen werden. Ebenso nutzbringend würde es sein, wenn man die Krankenpflegerinnen, die in den Diensten der kirchlichen Gemeinden stehen, in ein ähnliches Verhältnis bringen könnte.

Ich komme zum Schlusse. Ich bin in dieser Abhandlung eingetreten für die Heranziehung der Frauen zur öffentlichen Armenpflege und zwar für die unmittelbare Heranziehung d. h. die Indienststellung der Frauen in die öffentliche Armenpflege, und für die mittelbare, die engere Verbindung der Privatwohlthätigkeit, bezw. der in ihr beschäftigten Frauen mit der behördlichen Armenfürsorge. Dringen diese Anschauungen allgemein durch und finden sie ihren Weg in die Praxis, dann wird unzweifelhaft eine wesentliche Verbesserung, sowohl der öffentlichen, wie der privaten Armenpflege eintreten. Die Wirkungen der Armenpflege werden dadurch bedeutend günstigere sein. Ohne große Vermehrung der aufzuwendenden Mittel werden die guten Folgen der zur Pflege der Bedürftigen aufgewendeten Thätigkeit erheblich verstärkt. Aber nicht nur auf die Verpflegten werden sich diese Wirkungen erstrecken, sondern auch auf die Allgemeinheit. Es werden dann mehr Frauen und diese in richtigerer und geordneterer Weise in der Armenpflege arbeiten wie bisher. Jede Vermehrung der Zahl der Mitarbeiter an dem Wohlthätigkeitswerk ist aber mit Freuden zu begrüßen und liegt im allgemeinen Interesse. Und namentlich diese hier, die die erfreulichsten Folgen auch auf socialem Gebiete mit sich bringt. Die Einblicke, die diesen Frauen in die Lebensführung und die Anschauungen der anderen Stände zu thun vergönnt sind, die dadurch erzielte Kenntnis von deren Bedürfnissen, deren Erwerbsverhältnissen und deren Lage kann nicht ohne tiefen Einfluß auf sie selbst bleiben und muß ihr Denken und Fühlen mächtig in Anspruch nehmen. Die strenge Sonderung, in der sich die vermögenderen Stände von den übrigen fern halten, wird durch diese Vermittler gemildert und diese Annäherung wirkt auf beide günstig zurück. Die Angehörigen jener lernen bei solcher Thätigkeit, wieviel Tüchtigkeit in den unteren Klassen steckt, und weiter, wie unendlich wichtig das Beispiel ist, welches die besser gestellten Kreise geben; dadurch erhalten sie den Anstoß zur Selbsterziehung, zum Ablegen von so manchem, was ganz unnötigerweise die schroffen Gegensätze zwischen den einzelnen Bevölkerungsklassen hervorruft. Die Angehörigen dieser, die sich dem Eindruck, den ein redliches aufopferndes Arbeiten macht, nicht entziehen können, werden auch in vielem ganz andere Anschauung von dem Wesen der reicheren Stände erwerben, wie ihnen jetzt von so vielen Seiten versucht wird beizubringen.

Gerade die Heranziehung der Frauen wird hier von besonderem Werte sich erweisen, denn die Frauen halten nicht nur zähe fest, was sie an Erfahrungen erworben, sie machen auch gern Propaganda für ihre Ideen, sei es in ihrer Familie, sei es im weiteren Bekanntenkreise. Die von den in der Armenpflege wirkenden Frauen beherrschten Kreise werden sicherlich nicht gleichgültig für Leben und Treiben, Fühlen und Leiden der anderen Klassen, sondern bereit sein, zu helfen und zu fördern, und zwar in der rechten Weise. Die Anforderungen, die solche Frauen an Lebensführung u. s. w. für sich machen, werden durch den Verkehr mit Armut und Elend wohl auch manche Ermäßigung und Änderung erfahren. Und weiter kommt hier noch in Betracht, daß durch die Verstärkung derjenigen Kreise, die bekannt mit den Verhältnissen der anderen sind, jedes Streben, die Lage der minderbegüterten Klassen zu verbessern, erleichtert wird. Sociale Reformen werden immer nur unter dem Drucke der besseren Einsicht begonnen und durchgeführt werden; je größer also die Zahl der Einsichtsvollen und der Sachkenner in den einflußreichen Kreisen ist, um so stärker wird das Gewicht der Anregung zu Verbesserungen und der Durchführung derselben werden.

Wir geben den Frauen, wenn wir sie zur öffentlichen Armenpflege heranziehen, wichtige bürgerliche Ehrenämter. Wir geben ihnen damit äußerlich die Stellung, die sie durch Bethätigung einer edlen hilfreichen Gesinnung, einer reinen Menschenliebe verdienen. Wir geben sie ihnen nicht umsonst, sie sollen sie erwerben durch angestrengte aufopfernde Thätigkeit.

Ich bin mir wohl bewußt, daß manches, was ich hier vertrete, für unausführbar gehalten werden mag. Ich tröste mich aber damit, daß recht viele Männer damals, als zuerst von dem Eintritt der Frauen in die öffentliche Armenpflege gesprochen wurde, diese Idee auch für unausführbar erklärten. Und doch ist sie durchgeführt in einer Reihe von Orten, wo sie nicht wieder aufgegeben werden wird. Das hat sich so entwickelt, wie die Natur sich eben von selbst zu helfen pflegt, dem in der Sache selbst liegenden Zwange folgend. Es werden immer weitere Kreise so gewonnen und könnte man ja wohl ruhig diese Entwicklung sich so weiter vollziehen lassen. Ich halte das aber nicht für zweckmäßig. Wir dürfen nicht länger vor der Entscheidung stehen bleiben, wie dies nach den eingehenden und vortrefflichen Verhandlungen in den Jahren 1880, 1881 und 1885 geschehen ist.

Auch heute noch wird diese Umformung, wie dies ja bei allen neuen Einrichtungen der Fall ist, aktiven und passiven Widerstand vielleicht in allen beteiligten Kreisen, in dem einen nach dieser in dem anderen nach jener Richtung hin, finden. Das Vorhandensein einer starken Gegnerschaft spricht an sich aber nicht gegen die Notwendigkeit und Nützlichkeit einer Reform, sondern kann höchstens Veranlassung geben, mit größerer Vorsicht an die Neuerungen heranzutreten, deren Tragweite man im voraus nicht vollständig ermessen kann. Um solche handelt es sich aber nicht hier. Zahlreiche gelungene Versuche liegen vor und so ist es nicht schwer mehr, den Schlußstein auf das Gebäude zu setzen und die Notwendigkeit der Heranziehung der Frauen zur öffentlichen Armenpflege auszusprechen.

Ich bitte die diesjährige Jahresversammlung des Deutschen Vereins für Armenpflege und Wohlthätigkeit, den nachstehenden Leitsätzen, welche mit möglichster Schonung aller berechtigten Interessen abgefaßt sind, zuzustimmen. Die Bedeutung, das Gewicht dieser Versammlung wird es bewirken, daß die darin niedergelegten Anschauungen mit der Zeit auch in den Orten zur Geltung kommen, in denen man bisher sich dagegen ablehnend verhalten hat. Ich rechne hierbei nicht auf einen plötzlichen Umschwung in den Ansichten, bin aber fest überzeugt, daß, wenn auch mancher Versuch im Anfange scheitern wird an Mißverständnissen, Gleichgültigkeit und Abneigung gegen Neuerungen, doch bei einiger Beharrlichkeit und Energie nicht nur die Einführung der Frauenhilfe in die öffentliche Armenpflege, sondern auch die engere Verbindung der Privatwohlthätigkeit mit der letzteren vollständig gelingen wird. Das kann der Armenpflege aber nur zu hohem Vorteile gereichen und wird sie sich durch das gemeinsame selbstlose Wirken und Schaffen von Männern und von Frauen, welche noch der Begeisterung für hingebende und aufopfernde Thätigkeit zum Wohle der Gesamtheit fähig sind, stets besser und segensreicher entfalten.

## Leitsätze.

1. Die Heranziehung der Frauen zur öffentlichen Armenpflege ist eine Notwendigkeit.
2. Die Heranziehung wird am einfachsten und gründlichsten dadurch erzielt, daß neben den Armenpflegern auch Armenpflegerinnen in der erforderlichen Zahl bestellt werden.
3. Den Armenpflegern und Armenpflegerinnen sind gleiche Rechte und gleiche Pflichten zu gewähren.
4. Wo sich Hindernisse dieser Einrichtung entgegenstellen, ist die Mithilfe der Frauen in der öffentlichen Armenpflege in anderer Weise zu sichern.
5. Die in der Privatwohlthätigkeit beschäftigten Frauen sind in möglichst enge Verbindung mit der öffentlichen Armenverwaltung zu bringen.
6. Diejenigen Vereine und Personen, die die Privatwohlthätigkeit nicht in entsprechender Anwendung der Grundsätze der öffentlichen Armenpflege ausüben oder sich gegen die seitens der letzteren getroffenen Maßregeln, um eine Verbindung zwischen ihr und den die Privatwohlthätigkeit ausübenden Personen herzustellen, ablehnend verhalten, haben keine Unterstützung seitens der Gemeindebehörden zu erwarten.

## II.
## Die Heranziehung von Frauen zur öffentlichen Armenpflege.

Mitbericht von P. Chuchul-Frankfurt a. O.

Als ich im Jahre 1885 auf Allerhöchsten Befehl Ihrer Hochseligen Majestät der Kaiserin Augusta die Ehre hatte, dem Kongreß deutscher Armenpfleger in Bremen über „die Thätigkeit der Frauen, insbesondere des Vaterländischen Frauenvereins, in der öffentlichen Armenpflege" zu berichten [1], stützten mich weniger die ermittelten thatsächlichen Grundlagen für solchen Bericht, als die theoretische Überzeugung von der principiellen Richtigkeit solcher Mitarbeit. Wie erfreulich hat sich seitdem die Sachlage geändert! Wie sehr hat sich analog manchen anderen Fragen auch bei dieser der prophetische Scharfblick der unvergeßlichen Fürstin bewährt — selbst gegen die Zweifel erfahrenster Fachmänner! In tiefem Verständnis für das Wesen der echt deutschen Frau, und in dem Streben, die Frauen unseres geliebten Vaterlandes nicht zu „emancipieren", wohl aber „teilnehmen zu lassen an den ihrer Natur nahe liegenden Sorgen der Männer", hatte die Kaiserin zuerst dem zum Vereinstag am 27./28. September 1880 in Frankfurt am Main erschienenen Delegierten der Vereine vom Roten Kreuz den Wunsch ausgedrückt: „Besonders liegt es mir am Herzen, daß Ihre Beratungen zu einer gedeihlichen Verständigung über die Frage führen möchten, welche die Teilnahme der Frauen an der Armenpflege betrifft, die in unserer Zeit eine der wichtigsten Aufgaben auf dem Gebiete der humanen Bestrebungen bezeichnet". Trotz der an manchen Orten (z. B. Karlsruhe in Baden, Stuttgart, Dresden, Berlin, Elberfeld) schon bis damals gemachten günstigen Erfahrungen mit Frauenhilfe bei der öffentlichen Armenpflege waren aber

---

[1] Vgl. Drucksache Nr. 11 zum Kongreß des Deutschen Vereins für Armenpflege und Wohlthätigkeit im Jahre 1885; vgl. Amelie Sohr's Archiv „Die Frau im gemeinnützigen Leben", Jahrgang 1886, S. 211 ff.

die zunächst als Referenten berufenen Städtevertreter noch so befangen in dem Grundsatz „die Frau darf nicht auf's Rathaus", daß ich als Lückenbüßer mit meinen schwachen Worten wohl nur dank der Rücksicht auf die hohe Fragestellerin wenigstens einen Achtungserfolg erringen konnte.

Dem Bericht für Bremen fünf Jahre später vermochte ich zwar manch erfreuliches Nachgeben an den Allerhöchsten Wunsch aus der Praxis großer wie kleiner Städte einzufügen — überwiegend aber doch mehr Zeichen **thatsächlichen Zusammenwirkens** als gewollten Zusammenstrebens der Männer und der Frauen im Dienst der Armenpflege. Die Herren der Kommunen ließen sich fast überall die Erleichterung der Armenlast durch Frauenhilfe in zielbewußter **Privatwohlthätigkeit gefallen**, hüteten sich aber vielfach ängstlich, den „Sport" ihrer Damen zu fördern, räumten noch seltener den Frauen eine gewisse Gleichberechtigung zu bewußt **gemeinsamer ernster Arbeit** ein.

Heut liegt die Sache ganz anders! Der „Deutsche Verein für Armenpflege und Wohlthätigkeit" hat mit seinen Druckschriften, Kongressen, Berichten inzwischen die Männer nicht bloß in großen vorangehenden Städten sondern im ganzen Lande bekehrt zur Wertschätzung der Frauen bei der Armenpflege; und die Frauen sind durch unablässige Einwirkung der Vorstände der Deutschen Landes-Frauenvereine unter dem Roten Kreuz[1] erfolgreich belehrt zu rationeller Mitarbeit oder wenigstens bewußter Ergänzung der öffentlichen Armenpflege. In letzterer Hinsicht mag unter anderm von großem Einfluß gewesen sein, daß der Hauptvorstand des „**Vaterländischen Frauenvereins**" **für Preußen und einige Nachbarstaaten** — abgesehen von den Belehrungen in der Monatsschrift „Deutscher Frauenverband"[2] — jeden einzelnen seiner jetzt 841 Zweigvereine mit 134 007 Mitgliedern auch an kleinsten Orten alljährlich durch das für ihn auszufüllende Verwaltungsberichtsformular darauf hinweist (Spalte 8): die Privatarmenpflege solle hauptsächlich in Beschaffung von Arbeitsmaterial, Kleidungsstücken, Feuerungsmaterial 2c. und nur **ausnahmsweise in Geldunterstützungen** bestehen, auch ausdrücklich fragt (Spalte 13) „**ob und in welcher Art der Verein eine geordnete Armenpflege** (im Gegensatz zu bloßem Almosengeben) **betreibt, bei dieser mit anderen Vereinen und Behörden zusammenwirkt und die Erwerbsfähigkeit und Arbeitsgelegenheit zu fördern bestrebt ist**" unter specieller Besprechung (Spalte 14) der von jedem Verein geleiteten oder unterhaltenen **Anstalten** und dauernden **Einrichtungen**. Woher immer es aber komme — jedenfalls kann ich heute Thatsachen berichten, wie sie vor zehn Jahren kaum zu erhoffen standen. Zwar haben auch meine zu diesem heutigen Bericht an sehr viele Stadtverwaltungen gerichteten Anfragen zuweilen nur die kurzablehnende

---

[1] Über deren verschiedene Namen und Organisationen in allen deutschen Staaten, ihren Zusammenhang mit einander sowie mit den Männervereinen vgl. meinen Vortrag „Das rote Kreuz" (Druckverlag von Gebr. Gotthelft in Kassel).

[2] Dieses Organ aller Deutschen Landesfrauenvereine unter dem Roten Kreuz wird in Weimar redigiert und in Preußen von den weitaus meisten Zweigvereinen seines Vaterländischen Frauenvereins nicht bloß gehalten, sondern durch Umlauf den Mitgliedern bekannt gegeben.

Antwort erhalten, „bei uns arbeiten Frauen in der öffentlichen Armenpflege nicht mit". Wenn ich aber dann den gütigst beigelegten Druckbericht über das Städtische Armenwesen genau durchlas oder (durch den Frauenvereinsbericht laut jenem Formular aus demselben Ort aufmerksam gemacht) nähere Erkundigungen einzog, dann konnte ich in den meisten Fällen recht erfreuliche Beweise feststellen für die heut zu wiederholende Behauptung:

Die öffentliche Armenpflege soll um ihrer socialpolitischen Aufgabe individualisierend voll nachzukommen, der Frauenmithilfe nicht entbehren.

Diesen Satz theoretisch hier des längeren zu begründen, halte ich nicht für meine Aufgabe nach dem ausführlichen Hauptbericht des Herrn Dr. Osius. Ich nehme auch Bezug auf meine dem Vereinsarchiv einverleibten, leicht nachzulesenden Ausführungen zum 1885er Kongreß in Bremen und wiederhole nur kurz: Die Geschichte lehrt, daß die deutschen Frauen gar nicht anders können als irgendwie Armenpflege treiben; daß sie ferner trotz mancher Anfeindung es doch nie gelassen haben, die „Privatarmenpflege" in deren beiden Teilen als „offene" wie als „geschlossene" hauptsächlich gerade ihrerseits zu beherrschen; daß sie endlich auch bei der „öffentlichen Armenpflege" und zwar wieder bei deren beiden Seiten als „offenen" wie als „geschlossenen" an gar manchen Orten schon seit Jahrzehnten den Männern brauchbare und schließlich sogar erwünschte Hilfe geleistet haben, — — wäre es dann nicht unverzeihlich, bei dem heutigen Stand der socialen Frage diese Hilfe abzulehnen? Versuche man es nur erst überall, sie den Anforderungen der Männer und der eigenen Natur entsprechend zu verwerten — dann werden die Frauen wie bisher an vielen Orten so bald überall den Beweis liefern, daß sie wohl geeignet sind, auch die Aufgaben der öffentlichen Armenpflege streng zu erfassen. Sie werden dann bald allseits das Zeugnis der Männer erringen, daß sie es verstehen, nicht bloß mit klarem Verstande zu raten, sondern in manchen Teilen der thatsächlichen Ausführung von Beschlüssen auch bei der öffentlichen Armenpflege die Männer sogar zu übertreffen. Oder wer wollte leugnen, daß zur „Kinderpflege" und zur „Haushaltsaufsicht" durchschnittlich die reife Frau mehr, zur „Krankenpflege" mindestens ebensoviel Anlage und Erfahrung mitbringt wie der Mann? Gewiß muß und wird auch jeder männliche Armenpfleger mit der Zeit es lernen, die ihm anvertrauten Kinder auf Kämmen, Waschen, Flicken zu untersuchen, oder den seiner Aufsicht unterstellten Haushalt auf Lüftung, Sparsamkeit, Ordnung im Kleinen, inneren Frieden — bringt aber dazu die Frau nicht meist mehr Blick und Geschick von Natur und aus eigener Berufsbeschäftigung schon anfangs mit? Den männlichen Krankenpflegern bleibe alles Lob gezollt, — läßt sich aber nicht der weitaus größte Teil aller Kranken lieber pflegen durch eine leiser gehende, sanfter anfassende, geduldiger ausharrende, kleine Annehmlichkeiten gern möglichst berücksichtigende „Schwester", zumal wenn diese als „ärztliche Schwester"

d. h. zur sachverständigen „Gehilfin des Arztes" voll ausgebildet ist, wie dies bei allen „Schwestern vom Roten Kreuz"[1] zutrifft?

Die Art des Zusammenarbeitens von Männern und Frauen bei der Armenpflege, und zwar der privaten wie der öffentlichen, der offenen wie der geschlossenen wird sich freilich richten müssen nach den in jedem einzelnen Organisationsbezirk historisch entstandenen oder sonstwie gegebenen Verhältnissen, insbesondere nach den gerade zur Zeit des Anfangs unumgänglich oder erwünscht dort in Betracht kommenden **Persönlichkeiten beider Geschlechter**. Es ist nicht zu leugnen, daß von Wahl des richtigen Zeitpunktes für die Organisierung und von dem Geschick, der Tüchtigkeit, den Umgangsformen der **leitenden** Männer wie Frauen das mehr oder weniger glatte, mehr oder weniger schnelle Gelingen gedeihlicher Zusammenarbeit abhängen wird und thatsächlich nachweisbar in mehr als einem Bezirk abgehangen hat. Aber es gilt da: auf **beiden** Seiten etwaige Vorurteile aufgeben und auf **beiden** Seiten mit der Sache allein dienender Schaffensfreude an die anderswo bewährte Arbeit gehen! An Mustern zur Auswahl für die sachlich oder persönlich besonders gearteten Verhältnisse des eigenen Bezirks fehlt es wahrlich nicht, und schlimmstenfalls kombiniere man scheinbar **ganz neu** laut dem allen Mitgliedern des Vaterländischen Frauenvereins seit einem Vierteljahrhundert geläufigen Grundsatz: „**Im Notwendigen die Einheit, im übrigen die Freiheit, in allem die helfende Liebe!**"

Übergehend zu den theoretisch denkbaren oder praktisch irgendwo erprobten **Organisationsmustern**, glaube ich in ersterer Hinsicht den meines Erachtens dankenswert ausführlichen und gemeinverständlichen Erörterungen von Dr. Osius nichts zufügen zu sollen. An historischen und statistischen Belegen für die Ausführbarkeit und thatsächlich erfolgreiche Ausführung der verschiedenen Organisationsarten aber füge ich meinen Daten zum 1885er Kongreß in Bremen die nachfolgenden zu, welche mir dank freundlichen Auskünften von Armenverwaltungen und Einzelpersonen neben der Durchsicht aller Verwaltungsberichte aus dem Arbeitsfeld des „Vaterländischen Frauenvereins" für 1895/6 bekannt wurden, ohne Garantie für Bestehen noch anderer.

Dabei möchte ich vorweg als neu und erfreulich auffallend betonen, einerseits wie sehr jetzt gerade die früher zurückgestandene **Provinz Posen** hervorragt in allgemeiner Wertschätzung der Frauenmitarbeit bei der Armenpflege, und andererseits, daß in neuester Zeit außer **Stadt**behörden auch **Kreis**verwaltungen und sogar die preußische **Staats**regierung die Hilfe der Frauen annehmen bezw. ihre Thätigkeit als segensreich anerkennen und aus öffentlichen Fonds unterstützen.

Während zu unserer Frage aus jener, gar vielen Deutschen leider fast völlig fremden Ostprovinz vor zehn Jahren noch wenig zu berichten war, kann sie heut als leuchtendes Beispiel dafür hingestellt werden, wie mutiges

---

[1] Vgl. über diese „ärztlichen" Schwestern und die in der Armenpflege neben ihnen thätigen „geistlichen" Schwestern (Diakonissen und Barmherzige), ihre Trachtabzeichen und Organisation meinen erwähnten Vortrag S. 22 und Dr. Bauers Zeitschrift „Das Rote Kreuz", Jahrgang 1895, S. 358.

Organisieren und hilfsbereites Arbeiten auch nur einzelner energischer Personen große Erfolge weit über den eigenen Ort hinaus zu zeitigen vermag. Von den 47 Zweigvereinen des Vaterländischen Frauenvereins in der Provinz Posen berichten nicht weniger als 26 über geordnete Armenpflege ihrerseits und dabei organisches Zusammenwirken mit Behörden! Nicht nur die beiden Regierungsstädte **Posen** und **Bromberg** haben Frauen organisch ihrer Armenpflege verbunden, sondern auch an ganz kleinen Orten und in dürftigen Kreisen des platten Landes haben die mit nationalen, socialen, pekuniären Schwierigkeiten ringenden Selbstverwaltungsbehörden Frauenhilfe sich dienstbar gemacht und den von Frauen geleiteten Einrichtungen recht erhebliche feste Jahreszuschüsse teils ihrerseits zugesandt, teils aus Staatsmitteln erwirkt. Das Ortsstatut für **Kosten** vom 23. August 1887 sieht in § 11 ausdrücklich vor, daß jedem der städtischen Armenpfleger eine vom Vaterländischen Frauenzweigverein delegierte „Aufsichtsdame" an die Seite tritt zur Überwachung der armen Kinder und Waisen mit Berichten an den Magistrat, zur Beschaffung von Kleidungsstücken für Kinder und Frauen aus Stadtmitteln zusammen mit dem Armenpfleger, zur Aufsicht über einen Fröbelschen Kindergarten für die Kinder der ärmeren Bevölkerungsklassen in Gemeinschaft mit dem Vorsitzenden der städtischen Armendeputation. In **Lissa** werden Frauen zu den Sitzungen der städtischen Armenbehörden regelmäßig eingeladen und arbeiten die Abteilungen des Vaterländischen Frauenzweigvereins „für Privatarmenpflege in Ergänzung der öffentlichen", „für Förderung des Handarbeitsunterrichts in der Volksschule bei Armenkindern", „für Krankenpflege (bei Armen unentgeltlich)", „für die Kleinkinderbewahranstalt", für „hauswirtschaftlichen und Flickunterricht", für „Leitung der Volksküche" in steter Fühlung mit den Gemeindeorganen und mit erheblichen Zuschüssen aus der Stadtkasse. Der Kreis **Kolmar** giebt dem dortigen Vaterländischen Frauenverein jährlich 1000 Mk., der Kreis **Meseritz** jährlich 1200 Mk., der Kreis **Czarnikau** jährlich 1500 Mk. für Unterhaltung von Gemeindepflegerinnen (Diakonissen); aus der königlichen Regierungskasse erhalten die vaterländischen Frauenzweigvereine in **Schrimm, Gnesen, Bromberg, Schneidemühl** jährlich je 500 Mk., der in **Ostrowo** jährlich 400 Mk. und der in **Kolmar** jährlich 300 Mk. Zuschuß für die von ihnen geleiteten Armenpflegeanstalten — eine ebenso ehrenvolle Anerkennung tüchtiger Frauenarbeit, wie ein erfreuliches Zeichen tiefen Verständnisses für die uns hier beschäftigende Frage!

Die dabei schon berührte Erscheinung, daß Kreisselbstverwaltungen für ihre öffentliche Armenpflege auf dem platten Lande sich mit Frauen organisch verbinden, hat ihren Lauf ebenfalls im Osten begonnen: Der Kreisausschuß des Landkreises **Königsberg** (Ostpreußen) hat zuerst einen Vertrag mit dem für seinen Bezirk bestehenden Vaterländischen Frauenverein geschlossen im Interesse der von ihm auf die land- und forstwirtschaftlichen Arbeiter ausgedehnten allgemeinen Krankenversicherung. Hiernach zahlt er dem Vaterländischen Frauenverein jährlich eine nach dem Etat bemessene Summe (z. B. 8271 Mk. für das Jahr 1895, und 8721 Mk. für das Jahr 1896) zur Unterhaltung von Pflegerinnen in kleinen über den Bezirk verteilten Krankenhäusern mit 12 bis 16 Betten. In letzteren müssen erkrankte Versicherte gegen den festen Satz von 80 Pf. für jeden

Krankheitstag aufgenommen werden; aber auch Unversicherte dürfen je nach Lage der Verhältnisse Aufnahme finden, und selbst außerhalb der Krankenhäuser dürfen die Schwestern, falls sie dort nicht voll beschäftigt sind, pflegen, sei es gegen Entgelt, sei es Arme unentgeltlich. Jedes Krankenhaus steht in Verwaltung eines Vorstandes, welchen der Vorsitzende des Vaterländischen Frauenvereins leitet und welchem außer anderen Frauen sowie Männern aus nächsten Ortschaften der Kassenarzt und ein Delegierter des Kreisausschusses angehört. Ähnliche Verträge zur gemeinsamen Unterhaltung von Krankenhäusern bestehen in den Kreisen **Greifenberg** (Pommern), **Samter** (Posen), **Czarnikau** (Posen), und von Landgemeindepflegerinnen in den Kreisen **Franzburg** (Pommern), **Schievelbein** (Pommern), **Soldin** (Brandenburg), **Sorau** (Brandenburg), **Neumarkt** (Schlesien), **Ohlau** (Schlesien). — Andererseits hat der Landkreis **Siegen** (Westfalen) dem Vaterländischen Frauenverein daselbst nicht nur die Aufsicht über die öffentliche Armenpflege in zwölf Ortschaften anvertraut, sondern ebenso die Fürsorge für seine von Ort zu Ort je nach Bedürfnis „wandernde Haushaltungsschule". Durch diese sollen Mädchen und junge Frauen, namentlich aus dem Arbeiterstande, solche Kenntnisse im Kochen, Waschen, Bügeln, Nähen und Stricken, nebenbei auch über Nährwert und Preise der Lebensmittel, Krankenpflege und Krankenkost erwerben, wie sie zur Führung eines „geringeren" oder „mittleren" Hausstandes unbedingt erforderlich sind. Jeder Lehrgang für 20 bis höchstens 40 Teilnehmerinnen, die in der Schule beköstigt werden und für ihren ganzen Schulbesuch wöchentlich 1 Mk. 20 Pf. bis 2 Mk. 40 Pf. im voraus zu zahlen haben, endet mit einer mündlichen und praktischen Prüfung in Gegenwart des Kreisausschusses und des Vorstandes des Vaterländischen Frauenvereins. Unter des letzteren Aufsicht erteilt den Unterricht eine aus der Kreiskommunalkasse besoldete Lehrerin; das Lokal zur Schule hat jede Gemeinde, welche die Abhaltung eines Lehrgangs wünscht, zu beschaffen und ebenso das auf Kreiskosten angekaufte Inventar vom letzten Sitz der Wanderschule herzuholen; soweit die Wochenschulgelder nicht reichen für Nahrungs-, Feuerungs- und Beleuchtungsmittel, Seife u. s. w., deckt den Fehlbetrag der Vaterländische Frauenverein. Analoges Zusammenwirken findet bezüglich stehender Haushaltungsschulen statt im Kreise **Goldberg-Haynau** (Schlesien).

Die preußische Staatsregierung als Schulinspektionsbehörde endlich hat die Hilfe der örtlichen Vaterländischen Frauenzweigvereine in neuester Zeit angenommen beim Zulassen des Hauswirtschaftsunterrichts im Anschluß an die Volksschule in **Preuß. Stargard** (Westpreußen), **Zoppot** (Westpreußen), **Marienwerder** (Westpreußen), **Neurode** (Schlesien) — ebenso schon früher beim Handarbeitsunterricht an Schulmädchen in **Lissa** (Posen) und **Hanau**, analog der badischen Regierung in **Karlsruhe** und vielen anderen Orten des Landes. Wie aber weit hierüber hinaus die preußische Staatsregierung die Beziehungen zwischen dem Staat und dem Vaterländischen Frauenverein würdigt und hochschätzt, erhellt aus der mit stolzer Befriedigung aufgenommenen denkwürdig großen Rede des Herrn Staatsministers von Goßler auf der Generalversammlung des Vater-

Die Heranziehung von Frauen zur öffentlichen Armenpflege. 47

ländischen Frauenvereins am 23. Mai 1894[1], die allen Zweiflern über Frauenmitarbeit auf's wärmste empfohlen sei!

Im übrigen erscheint es heut noch ebenso schwierig wie vor elf Jahren, die sehr zahlreichen Orte in ganz Deutschland, wo Frauen der öffentlichen Armenpflege dienen, systematisch zu gruppieren. Stellte ich damals fünf hauptsächlichste Organisationsarten auf und Herr Dr. Osius heut drei, so bleibt doch eine ganze Reihe von Orten übrig mit eigenartig gemischtem Princip ohne genaues Hineinpassen weder in eine der fünf noch in eine der drei Arten. Aber es mag, wie gesagt, hierauf auch wenig ankommen gegenüber der erfreulichen Thatsache, daß überhaupt die Heranziehung der Frauen zur öffentlichen Armenpflege von Jahr zu Jahr allgemeiner wird! Ich halte mich in folgendem an die drei Hauptgruppen des heutigen Herrn Hauptberichterstatters und füge zu jeder von ihnen folgende Beispiele an, ohne freilich auf Vollständigkeit der Statistik Anspruch erheben zu können, und mit Benutzen der Berichte nur so wie sie mir als Privatmann zugingen.

## I.

Der auch meines Erachtens konsequenteste und bei Abstreifen jeder Voreingenommenheit einfachste, wenn nicht bei komplizierten Großstadtverhältnissen so sicher den kleinen Orten am meisten zu empfehlende Weg ist: „Die erforderliche Zahl von Frauen und Mädchen in den Organismus der Armenverwaltung als gleichberechtigt mit den männlichen Armenpflegern aufzunehmen". Ihn hat voll und ganz schon im Jahre 1881 die Stadtverwaltung von **Kassel** eingeschlagen — mit welcher erfolgreichen Ausführung im einzelnen, ist wiederholt beschrieben und allen bekannt, die sich für unsere Frage überhaupt interessieren. Ihr folgte **Biebrich**: Die Stadt ist in zwei „Bezirke" und zusammen 20 „Quartiere" eingeteilt; in letzteren arbeiten Armenpfleger und Armenpflegerinnen nebeneinander mit allmonatlichen Berichten an die Bezirksvorsteher bezw. Bezirksvorsteherinnen; als Bezirksvorsteherinnen fungieren Damen des Vaterländischen Frauenvereins, welche auch den allmonatlichen Armenpflegesitzungen beiwohnen. Ähnliche Abkommen bestehen mit den Zweigvereinen des Vaterländischen Frauenvereins in **Blankenburg, Forbach, Metz.** In **Heidelberg** stehen an der Spitze jedes Stadtbezirks je ein Mitglied des Armenrats und zwei Damen. In **Königsberg** (Ostpreußen) sind 36 Frauen stimmberechtigte Mitglieder der städtischen Armenkommissionen. Die Armenordnung für **Liegnitz** hat in § 7 Armen- und Waisenpflegerinnen aus Kreisen des Bürgerstandes neben den Männern vorgesehen analog **Kosten** (Posen). In der Stadt **Posen** werden laut § 19 ff. des Regulativs für die städtische Waisendeputation von dieser Waisenpflegerinnen für ihr (städtisches) Amt berufen. Ebenso sind in **Köln** laut §§ 4 und 11 der städtischen Waisenordnung von 1894 jetzt 38 Waisenpflegerinnen als Beamtinnen mit amtlichen Rechten thätig gemäß

---

[1] Vgl. Deutscher Frauenverband 1844, S. 113 ff. und besonders S. 187, wo der Herr Minister geradezu eine amtliche Centralstelle für die gesamte Wohlfahrtskunde des Reiches empfiehlt.

einer recht nachahmenswerten Druckinstruktion. In **Leipzig** hat das städtische Armenwesen für das „Ziehkinderwesen" sieben besoldete Pflegerinnen angestellt. Die Zahl der schon seit 1884 in **Berlin** angestellten „Pflegerinnen für Kostpflegekinder" als „Mitglieder der städtischen Waisenratskommissionen" ist jetzt auf 335 angewachsen; außerdem hat sich dort kürzlich aus zahlreichen Männern und Frauen ein „freiwilliger Erziehungsbeirat für schulentlassene Waisen" gebildet, um den Vormündern, Waisenräten und Arbeitgebern bei der sittlichen Hebung und wirtschaftlichen Förderung der Waisen zu helfen. In neuester Zeit beginnt auch **Frankfurt a. Main** auf Nutzbarmachen der Frauen für die öffentliche Armenpflege hinzuarbeiten: S. 6 und 26 bis 51 des „Handbuchs der städtischen Armenverwaltung 1896/97" sind die Armenpfleger darauf hingewiesen, bei der Untersuchung, ob wirkliche Hilfsbedürftigkeit vorliegt und bei der Überwachung des Falls zur Mitwirkung bereite Frauen, deren sich eine erhebliche Zahl gemeldet hat, zuzuziehen. **Straßburg** (Elsaß) dagegen hat von der Bestimmung des Art. 4 der Ordonnanz vom 31. Oktober 1821 „die Armenräte können in den verschiedenen Stadtquartieren Beigeordnete (Armeninspektoren) und wohlthätige Damen ernennen, um ihnen einzelne Funktionen des Armenwesens anzuvertrauen", noch immer keinen Gebrauch gemacht, sondern Frauen nur zur Bedienung der „Städtischen Suppenanstalt" verwendet und zwar mit bestem Erfolg. —

Gehören aber hierher nicht auch die sehr zahlreichen großen wie kleinen Orte, welche sogenannte „Gemeindeschwestern" unterhalten? Das sind doch ältere Mädchen oder Witwen, welche nach völliger Ausbildung für Krankenpflege oder Armenpflege diese berufsmäßig ohne andere Beschäftigung treiben und zwar unter Schutz und Anweisung der Gemeinde auf deren Kosten, sodaß sie von ihr sowohl den eigenen Unterhalt als auch die Mittel für Pflege ihrer Schützlinge erhalten. Alle diese Gemeindeschwestern — mögen sie als „Schwestern vom Roten Kreuz" oder als „Diakonissen" oder als „Barmherzige" einem Verbande und Mutterhaus angehören, oder mögen sie ganz selbständig ohne solchen Zusammenhang als sog. „Wilde" ihrer Berufs- und Erwerbsthätigkeit obliegen — haben überall gleichsam Beamtenstellung mit amtlicher Autorität, und zwar nicht bloß in den Augen des Volkes, sondern auch der Gemeindevertretung. Selbst wenn ihnen ein Stimmrecht über Gemeindemittel nicht ausdrücklich verliehen ist, wirkt leicht erklärlich ihre sachverständige Stimme meist ausschlaggebend im Rate der Stadtväter, zumal an kleinen Orten. Hierfür ist es sogar gleichgültig, ob solche Gemeindeschwester ihren Unterhalt und ihre Pflegemittel lediglich von der Gemeinde erhält oder bei Armut und Kleinheit der letzteren von ihr und einem Verein gemeinschaftlich. Allein der Vaterländische Frauenverein hat laut Berichten für 1895 in Preußen an 78 Orten, und in seinen außerpreußischen Bezirken an weiteren 16 Orten „Gemeindeschwestern" unterhalten oder unterstützt — und auch diese galten überall als amtliche Organe der Gemeinden, als in den Organismus der Armenverwaltung aufgenommen, mit thatsächlich gehörter Stimme neben den Männern. Daß solche Anhörung und Stimme den Gemeindeschwestern in Großstädten nicht ebenso voll bewilligt zu sein pflegt, ändert an ihrer Stellung nur wenig: auch die dort lediglich auf Gemeindekosten angestellten Berufspflegerinnen gelten immerhin den übrigen Gemeindeexekutivbeamten gleich, ebenso wie die an anderen Orten von den Kirchengemeinden angestellten eine kirchliche Amtsstellung neben den Geistlichen als deren Gehilfinnen offiziell einnehmen (Diakonie).

Einerseits noch zu dieser ersten Gruppe und andererseits schon zur zweiten möchte ich rechnen die Organisation in **Stuttgart**. Seit 1804 mindert dort die Last der städtischen Armenpflege außerordentlich der „Lokalwohlthätigkeitsverein". Dessen aus Angehörigen beider Geschlechter zusammengesetzter „Unterstützungsausschuß" hat als „Königliche Stadtgratialienkommission" Beamtenautorität in Verfügung über diejenigen Gelder, welche durch die Gnade Sr. Majestät des Königs an Stadtarme verteilt werden sollen. Seine „Distriktsvorsteherinnen" arbeiten ganz so wie die Männer für die öffentliche Armenpflege, werden nach Wahl des Vereinsausschusses durch die Städtische Armendeputation bestätigt und durch deren Vorsitzenden feierlich verpflichtet, haben den Männern gleiches Recht zu Anweisungen auf Beköstigung an Frauenspersonen ihres Distrikts. Sein „Ausschuß für die Industrieschulen" zählt neben männlichen Mitgliedern auch Damen mit vollem Stimmrecht. Die ganze Wohlthätigkeit des Vereins geht außerdem Hand in Hand mit der öffentlichen Armenpflege: Mitglieder des Vereins wirken in der städtischen Armenpflege mit und der Vorstand des städtischen Armenamts nimmt an den Sitzungen des Vereinsausschusses teil.

## II.

Den zweiten Weg: „man übergiebt den für die Frauenthätigkeit geeigneten Teil der Armenpflege einem eng an die Armenverwaltung **angeschlossenen Vereine**", hat bereits im Jahre 1879 **Elberfeld** eingeschlagen und zwar nicht durch Anschluß an einen bereits bestehenden, sondern durch Bildung eines besonderen nur hierfür bestimmten Vereins. Das Nähere hierüber zu wiederholen, dürfte vor den Sachkennern des Kongresses sich erübrigen; ich füge dem schon vor 10 Jahren Angeführten nur noch hinzu, daß seitdem dort auch die „Städtische Anstalt für Wöchnerinnen" einem Vorstand unterstellt ist, bestehend aus drei Damen, welche der „Elberfelder Frauenverein zur Unterstützung Hilfsbedürftiger" bestimmt, und drei Herren, welche die Stadtverordnetenversammlung aus ihrer Mitte wählt. — Mit dem Triumphzug des (individualisierenden) Elberfelder Armenpflegesystems im allgemeinen verbreitete sich natürlich leicht auch seine Art von Angliederung der Frauen an die öffentliche Armenpflege, meist allerdings unter der Maßgabe, daß man nicht einen besonderen Verein neu schuf, sondern sich mit einem am Ort bereits blühenden Frauenverein verband, der dann für die Mitarbeit bei der öffentlichen Armenpflege auf öffentliche Kosten nur eine besondere neue Abteilung bildete neben den für seine übrigen Thätigkeitsfelder bestehenden übrigen Arbeitsabteilungen. — Voll und ganz ist jenem Elberfelder Vorbild **Breslau** gefolgt. In dieser Großstadt hatte schon seit langer Zeit eine rege Verbindung zwischen der städtischen Armenverwaltung und mehreren Wohlthätigkeits-Frauenvereinen bestanden, so mit dem Vaterländischen Frauenzweigverein, dem Frauenverein zur Speisung und Bekleidung Armer, dem Verein für weibliche Diakonie unter den Armen, dem Verein zur Unterbringung armer kränklicher Kinder in ländlichen Heilstätten, den Frauenkonferenzen des Vinzenzvereins. In einigen Kuratorien städtischer milder Stiftungen saßen schon lange Damen mit; ja der wesentlich aus Frauen bestehende Verein „Daheim" zur Erziehung hilfsbedürftiger Kinder in geschlossener Anstalt und der Kostkinder=Aufsichtsverein, sowie der Verein zur Erziehung hilfloser Kinder von Almosengenossen in Familien arbeiteten von je lediglich für die öffentliche Armenpflege mit größtenteils städtischen Mitteln. Dem Angebot von Frauen zur Mitarbeit bei der öffentlichen Armenpflege in allen ihren Teilen hat die Städtische Armendirektion aber erst kürzlich nachgegeben durch Gründen des „Breslauer Armenpflegerinnenvereins" und Abschließen des seine Mitarbeit organisch regelnden Abkommens vom 5./27. Februar 1896. In letzterem hat dieser den Stadtbezirken in Gruppen angepaßte Verein sich verpflichtet: von jeder Unterstützung Formularmitteilung zur „Städtischen Centralauskunftsstelle" zu machen; die letztere wie andere städtische Nachrichten über Arme zu benutzen und Fürsorge erst eintreten zu lassen nach Feststellung durch die Armendirektion, ob und welche städtische Unterstützung bereis gewährt ist; endlich von seiner Fürsorge grundsätzlich und ausnahmslos auszuschließen alle Personen, die nicht in Breslau ortsangehörig sind oder deren Hilfsbedürftigkeit in der Nichterfüllung der Nährpflicht seitens alimentationspflichtiger Angehörigen ihren Grund hat oder die dem Trunk oder Müßiggang, der Bettelei oder Unsittlichkeit ergeben sind. Wenn dem Vereinspatronat außerdem noch von der Armendirektion „städtische Kostkinder" oder „städtische Almosengenossen" zur Pflege mit städtischen Mitteln überwiesen werden, so übernehmen für diese Personen, welche in jeder Hinsicht städtische Pflegkinder bleiben, die Vereinsfrauen die gewissenhafteste Ausübung der den „städtischen Armenpflegern" laut ihrer Instruktion obliegenden Pflichten. Alle für diese Regelung des Breslauer Armenwesens nach Elberfelder Vorbild im Druck veröffentlichten Ausführungsbestimmungen und Formulare dürften für solche Großstädte, die bei unserer Frage den zweiten Weg einschlagen wollen, als beste Muster zu empfehlen sein und praktischen Erfolg um so mehr versprechen, als sie wie alle das Armenwesen betreffenden Fragen, Mitteilungen 2c. jeder dafür interessierten Person weiblichen wie männlichen Geschlechts in den periodisch erscheinenden „Blättern für das Breslauer Armenwesen" von der Armendirektion gemeinverständlich klar gemacht und zur Beachtung immer wieder von neuem nahe gebracht werden, was erfahrungsmäßig mehr nützt als der beste nur einmal gelesene und dann beiseite gelegte Bericht oder Arbeitsanhalt.

Weit zahlreicher ist aber die Gruppe derjenigen Orte, deren Armenverwaltungen sich für den ihres Erachtens zur Frauenthätigkeit geeigneten Teil der Armenpflege einem auch für andere Ziele bereits blühenden Verein organisch angeschlossen haben bezw. einer von diesem für die Mitarbeit in öffentlicher Armenpflege geschaffenen besonderen Abteilung. So hat schon seit Jahrzehnten in **Karlsruhe** die Abteilung II des „Badischen Frauenvereins" den männlichen Armenpflegern gleiche Pflichten übernommen bezüglich der Fürsorge für verwaiste und verlassene arme Kinder unter 14 Jahren; in **Leipzig** der

„Albertverein" die Mitbeaufsichtigung der in Familienpflege untergebrachten Waisenkinder; in **Dresden** der „Albertverein" die Aufsichtsführung in der öffentlichen Kinderpflegeanstalt „Findelhaus" und über die auf Stadtkosten in Familien untergebrachten 479 „Ziehkinder". In **Darmstadt** hat eine Abteilung des „Alice-Frauenvereins" speciell die Waisenpflege übernommen und die Aufsicht über diejenigen Kinder, welche von den Müttern in entgeltliche Pflege gegeben sind. In **München** hat der Armenpflegschaftsrat die Hauswirtschaft und die Handhabung der Ordnung in seinen „Armenversorgungshäusern" dem „Orden der barmherzigen Schwestern" vertragsmäßig übergeben. In **Kassel** besorgen die Damen von der Abteilung V des Vaterländischen Frauenvereins und in **Karlsruhe** Damen von der Abteilung II des Badischen Frauenvereins das Einziehen der Mieten in den für Bedürftige bestimmten „Städtischen Miethäusern" und nehmen dabei Gelegenheit, diesen Mietern persönlich nahe zu treten und vorkommendenfalls mit Rat wie That zu helfen. In **Raudten** (Schlesien) und **Emden** (Hannover) verwaltet der dortige Vaterländische Frauenzweigverein das Städtische, in **Greifenberg** (Pommern) das Kreis-Krankenhaus. Für den Kreis **Siegen** hat er, wie gesagt, die Armenpflegeaufsicht an zwölf Orten und leitet er die Kreis-Wander-Haushaltungsschule. In **Sooden a. d. Werra** hat er sogar die ganze Ortsarmenpflege von der Gemeinde übernommen, die ihm nur Zuschuß zahlt. **Crefeld** hat zur Mitarbeit bei seiner öffentlichen Armenpflege den dortigen Vaterländischen Frauenzweigverein so gewonnen, daß er niemanden unterstützt, der ihm nicht von der Städtischen Armendeputation überwiesen ist, daß er seine Thätigkeitsbezirke unter je einer Vorsteherin genau angepaßt hat den 25 städtischen Armenbezirken, daß er die städtischen „Kostkinder" mitbeaufsichtigt und die „Städtische Volksküche" mitleitet. Letzteres thut ebenso der Vaterländische Frauenzweigverein in **Düren, Greifswald, Salzwedel** und **Staßfurt.**

Seit der erwähnten Anregung durch ihre Allerhöchste Protektorin die Kaiserin Augusta haben dann in Preußen noch viele Vaterländische Frauenzweigvereine die Aufsicht über die auf öffentliche Kosten in Familien untergebrachten Kinder (bald „Ziehkinder", bald „Kostkinder", bald „Stadtpflegekinder", bald „Haltekinder" genannt) erbeten und mit städtischer Arbeitsanweisung erhalten, so z. B. die in **Aachen, Biebrich, Burg, Kassel, Delitzsch, Eschwege, Flensburg, Frankfurt a. d. Oder, Görlitz, Greifswald, Hildesheim, Itzehoe, Kreuzburg** (Oberschlesien), **Marburg, Neustadt** (Westpreußen), **Preußisch Stargard, Ratzeburg, Rendsburg, Segeberg, Stralsund, Suhl, Wandsbek, Wunstorf** (Hannover). Ebenso werden die Ziehkinder von Frauenvereinsdamen mit Vollmacht von der öffentlichen Armenpflege überwacht in **Chemnitz, Zwickau, Mainz, Weimar, Eisenach, Buttstädt** und 16 Orten **Badens.** Die Vaterländischen Frauenvereine in **Stralsund, Stuhm** (Westpreußen), **Lichtenberg** (Mark) machen ähnlich Crefeld ihre ganze Armenpflege abhängig von den Recherchen der Stadtverwaltung, und die in **Kassel, Lissa** (Posen), **Frankfurt a. d. Oder, Preußisch Stargard** treiben solche statutenmäßig „in Ergänzung der öffentlichen" nach Einsehen des „Städtischen Centralauskunftsbuchs". Letzteres sollte überall eingeführt sein als die unentbehrliche Grundlage aller Armenpflege zur Vermeidung der sonst so leicht schadenden Wohlthunskonkurrenz!

### III.

Der dritte Weg endlich, „den zur Frauenthätigkeit laut Ansicht der Gemeindeverwaltung geeigneten Teil der Armenpflege ganz der **Privat=wohlthätigkeit zu überlassen** und diese möglichst in Verbindung mit der öffentlichen Armenpflege zu bringen", mutet den Herren der Stadt das geringste Eingehen auf unsere Frage zu, den Vereinen aber die größte Opferwilligkeit sowohl in persönlicher wie in sachlicher Beziehung. Er knüpft an die früher ganz allgemein beobachtete Erscheinung, daß aus öffentlichen Mitteln regelmäßig nur „**Geld = Almosen**" und zwar nur im Maße der **Notwendigkeit** gegeben zu werden pflegten, während alle der heutigen **Individualisierung** sich nähernden Akte wohlthätigen Einzelpersonen, Vereinen und milden Stiftungen überlassen blieben. Sind letztere gut fundiert, dann ist es verständlich wenn ihre Vorstände einerseits ihre Selbständigkeit nicht aufgeben wollen und die Gemeindevertreter anderseits ein Bedürfnis nach Änderung dieses Zustandes mit Mehrung ihrer eigenen Thätigkeit nicht ersehen. Aber auch aus anderen Gründen lokaler Natur kann es erwünscht erscheinen, die Frauenhilfe nur in dieser dritten lockersten Verbindungsart auszunutzen und in ganz kleinen ärmlichen Gemeinwesen wird bis zum Auftreten irgend einer besonders initiativen Persönlichkeit zunächst kaum etwas anderes erreichbar scheinen. Jedenfalls ist selbst **dieser Anfang** erfreulich und segensreich, zumal aus ihm erfahrungsmäßig allmählich immer lebhafteres Interesse und tieferes Verständnis für einander auf beiden Seiten, damit auch immer engeres Zusammenarbeiten zu erblühen pflegt. Höchst beachtens- und dankenswert erscheint es wenn allein 193 + 23 = 216 Zweigvereine des „**Vaterländischen Frauenvereins**" berichten, **daß sie mit den Armenpflegebehörden ihres Bezirks überhaupt Fühlung haben.** Diese besteht außer dem zu I und II Gesagten, teils darin, daß die Gemeindevertreter auch ihrem Vorstand angehören und so leicht kongruierende Beschlüsse vermitteln, teils darin, daß sie eine öffentliche Centralauskunfts= stelle beschicken und benutzen, teils darin, daß sie einem Verbande an ihrem Ort bestehender Vereine mit ähnlicher Tendenz unter Leitung der Ortsbehörde beigetreten sind behufs gegenseitiger Informierung und Ergänzung.

Solcher „Centralisierungsverband" von je einem Vertreter aller örtlichen Wohlthätigkeitsvereine, der geistlichen Stadtmission, der städtischen Armendirektion und der königlichen Polizeiverwaltung ist schon 1882 in **Stettin** gebildet worden. Analog folgte **Bernburg, Culm, Hannover, Kolberg, Merseburg,** und trotz der großen Schwierigkeiten bei deutsch-polnischer Bevölkerung mit altblühenden, aber national und konfessionell streng getrennten Vereinen 1894 **Posen.** Wie segensreich dieser in dieser letztgenannten Stadt aus bisher 23 Vereinen und Anstalten bestehende Verband wirkt, erhellt sogar zahlenmäßig: an seine Centralstelle zur Sammlung von Mitteilungen über die Verhältnisse unterstützungsbedürftiger Personen gelangten im ersten Jahre Anmeldungen allein zur Weihnachtsbescherung 735 und konnten davon 19 Prozent als doppelt und mehrfach vorgeschlagen ausgeschieden werden! Innerhalb des Verbandes arbeitet jeder Verein, bestehe er aus Männern oder aus Frauen oder aus beiden, nach wie vor ganz selbständig — jene Organisation dient nur dem Zweck: durch sie leichter die Privatarmenpflege dazu zu bringen, daß sie die öffentliche sachdienlich **ergänzt** und möglichst ihr **vorbeugt**, sowie auf **beiden Seiten Kenntnis des Vorgehens und der Mittel** jedes Teils zu verbreiten.

Weniger und doch immerhin noch dankenswert wird dies natürlich an denjenigen Orten erreicht, wo die Gemeindevertreter nicht mit **allen**, sondern nur mit **diesem oder jenem** Verein ihres Ortes Fühlung unterhalten, nachdem sie letzterem diesen oder jenen Teil der ergänzenden und vorbeugenden Armenpflege zugewiesen bezw. gelassen haben. So steht z. B. in **Bromberg** der Oberbürgermeister als Dirigent der städtischen öffentlichen Armenpflege in persönlich lebhafter Verbindung mit dem dortigen Verein für Begründung und Unterhaltung von Kinderbewahranstalten, dem dortigen Vaterländischen Frauenzweigverein soweit er zwei Volksküchen und eine Kleinkinderschule unterhält, dem Elisabethverein zur Unterstützung „verschämter" Armer, dem evangelischen Diakonissenverein, dem „Haushaltungsschulverein" zur Unterhaltung einer Gewerbeschule für Frauen und Mädchen, einer Mädchenfortbildungsschule, einer Kochschule mit Haushaltungspensionat. **In Frankfurt a. Main** hat die Heranziehung der Frauen zur öffentlichen Armenpflege auffallenderweise trotz eifrigster Fürsprache noch wenig Gegenliebe bei den Stadtvätern gefunden, ebenso wie in **Hamburg**; doch hat persönlich der dortige Leiter des Städtischen Armenamts sehr nahe Beziehungen gesucht und gefunden zu dem seit drei Jahren segensreich wirkenden „Hauspflegeverein", welcher durch bis jetzt 50 „Pflegefrauen" die Überwachung und Förderung des Haushalts, der Reinlichkeit und Ordnung in den Zimmern, der Kindererziehung u. s. w. bei im letzten Jahr 502 bedürftigen Familien ausübt.

**Direkt überwiesen oder gern belassen** sind von den Gemeindevertretungen in Preußen, namentlich sehr vielen „Vaterländischen Frauenzweigvereinen" einzelne Teile der Armenpflege bezw. die Verwaltung ihr **dienender Anstalten**. Der Zusammenhang ist dann schwächer oder stärker, je nachdem die Verwaltung ganz auf Kosten des Vereins geht oder unter Zuschuß aus öffentlichen Mitteln. Es würde aber über den Zweck dieses Berichts hinausgehen, wenn ich **alle** hierher gehörenden Orte und ihre mehr oder weniger von einander abweichenden Specialeinrichtungen einzeln besprechen oder auch nur aufführen wollte. Betreiben doch laut letzten Jahresberichten nicht weniger als 177 Vaterländische Frauenzweigvereine Preußens „Kleinkinderbewahranstalten", 120 „Haushaltungsschulen", 118 „Volksküchen" zum billigen Verkauf guter Mittagskost alle Tage Jahr aus Jahr ein an Leute aus dem Volk, die in eigenem Haushalt zu Mittag nicht kochen können, oder „Suppenanstalten (Notküchen)" zur unentgeltlichen Speisung Bedürftiger nur in harter Winters- oder außergewöhnlicher Notstandszeit, 35 „Krankenpflegeanstalten" und „Siechenhäuser", 34 „Waisenhäuser"! Verhältnismäßig ähnliche Zahlen ergeben die Berichte anderer Landesfrauenvereine, besonders desjenigen für Baden. Aus neuer Zeit dürfte auch der „**Volksheilstättenverein vom roten Kreuz**" hier zu erwähnen sein, welcher von vornherein Männer und Frauen, Private und Behörden (besonders die Versicherungsanstalten) aufgerufen hat zur Hilfe an arme Lungenkranke. Daß endlich in ganz Deutschland sehr viele Anstalten und Stiftungen unter Leitung einzelner Frauen der öffentlichen Armenpflege helfen und vorbeugen im Anschluß an Kirchengemeinden oder direkt unter Staats- bezw. Kommunalaufsicht, ist allgemein bekannt — wenn auch ihre Zahl und ihre Organisation im einzelnen leider nicht angegeben werden kann mangels einer unserem ganzen Armen- und Wohlthätigkeitswesen gewiß erwünschten, aber noch fehlenden Centralstelle, wie sie u. a. Herr Staatsminister von Goßler vorschlug und meines Wissens schon die hochselige Kaiserin Augusta erstrebte.

Schließe ich hiermit meinen Mitbericht, so wiederhole ich nochmals: auf statistische Vollständigkeit Anspruch machen wollte und konnte er nicht; vielmehr war sein Zweck nur, erneute Anregung zu geben für Weiterentwicklung der Frauenmitarbeit durch Anführen von nachahmbaren Beispielen, und zwar nicht bloß aus voranschreitenden Großstädten und für solche, die sich stets selbst zu helfen wissen, sondern mehr noch aus den zahlreicheren kleineren Orten und für solche, zumal diese im Leben unseres deutschen Volkes mindestens ebensogroße, wenn nicht größere Bedeutung haben als jene. Möge es unseren vereinten Bemühungen gelingen, bis in den kleinsten Ort des ganzen Vaterlandes hinein die anderwärts gemachten Erfahrungen zu verbreiten und Beamte wie Privatpersonen, Kommunalverbände wie Vereine theoretisch wie praktisch zu fördern in ihrem Streben nach Mildern der socialen Unterschiede, nach Mindern der socialen Unzufriedenheit!

Printed by Libri Plureos GmbH
in Hamburg, Germany